사법권의 독립

차례
Contents

03 사법권의 독립은 고상한 꿈인가 **11** 사법권의 독립이란 무엇인가 **21** 법관의 재판상 독립 **45** 법관의 신분상 독립 **67** 법원의 독립 **80** 앞으로의 과제들

사법권의 독립은 고상한 꿈인가

지난 2004년 10월 21일, 헌법재판소는 8대 1의 의견으로 노무현 대통령의 대선 공약이었던 행정수도건설특별법에 대해 위헌판결을 내렸다.[1] 이 위헌결정으로 특별법은 효력을 상실했다. 헌법재판소는 "서울이 수도라는 헌법상 명문(明文) 조항이 있는 것은 아니지만 조선왕조 이래 600여 년간 오랜 관습에 의해 형성된 불문(不文)헌법에 해당된다."라고 밝혔다.

좌절을 경험한 노무현 대통령은 관습헌법이 처음 들어보는 이론이라면서 노골적인 반감을 드러냈다. 여당은 '정치헌재' '수구헌재'를 외쳤다. 어느 여당 정치인은 헌법재판소의 결정을 '사법쿠데타'로 규정하기도 했다. 당시 헌법재판소 재판관 8인 중에서 유일하게 각하의견을 작성한 전효숙 재판관은 "수도의 소

재지는 헌법의 목적 실현을 위한 도구에 불과하며 반드시 헌법 개정을 통해 결정해야 하는 사항이라고 단정할 수 없으므로 청구인들의 국민투표권 침해 주장은 부적법하다."라고 주장했다. 그로부터 약 2년 후, 노무현 대통령은 전효숙 재판관을 헌법재판소 소장에 지명했다. 이 지명은 아마도 신행정수도건설특별법 위헌사건에서 노무현 대통령을 지지한 것에 대한 고마움의 표시였을 것이다.

그러나 더 폭넓은 시각에서 보면 이 사건에서 전효숙 재판관의 소장 지명보다 중요했던 것은 사법부의 장악이었다. 사법권 독립이라는 헌정 원칙에도 불구하고, 노무현 대통령은 기회가 있을 때마다 사법부를 장악하려고 노력했다. 그리고 신행정수도건설특별법 위헌결정 이후, 사법부의 장악 계획을 좀 더 빠르고 좀 더 철저히 실천했다. 사실 이용훈 대법원장의 취임이나 박시환 대법관의 취임은 그 일부였을 뿐이다.

노무현 대통령의 좌절된 욕망이 사법부 장악을 통해 해소되리라는 것은 그다지 어려운 예상이 아니었다. 필자는 2006년 8월 전효숙 재판관의 헌법재판소장 지명에 즈음하여 다음과 같은 글을 인터넷에 올렸다. "뉴딜정책의 주요 법률을 위헌 처리했던 미국 연방대법원에 보복을 단행했던 프랭클린 루스벨트(Franklin D. Roosevelt)처럼 노무현도 그의 개혁정책을 좌절시켰던 헌법재판소에 철저한 보복을 단행할 것이다. …… 정치적으로 중립적인 인물을 임명해야 한다고 강력하게 주장하는 대한변협이나 다른 정치권의 반대에 아랑곳하지 않고 노무현은 헌법재판소를 확실하게 장악할 것이다."[2]

프랭클린 루스벨트는 대통령에 취임하자마자 역사상 유래 없는 대공황을 맞아 경제를 회생시키는 각종 개혁 입법을 추진했다. 그러나 뉴딜의 주요 입법은 연방대법원에서 위헌 판결을 받았고, 개혁 입법에 근거하여 설립된 뉴딜 추진 부서는 문을 닫아야 했다. 루스벨트는 '늙은' 보수파 대법관들을 실질적으로 추방하는 연방대법원 구조개혁에 착수했다. 개혁 입법을 위헌으로 판결하는 대법원을 개혁하겠다는 논리는 루스벨트나 노무현에게 모두 동일하게 적용되었다. 루스벨트의 사법개혁은 노무현 대통령에게 벤치마킹 대상이었다.[3]

그러나 거시적인 관점에서 보면 코드 인사를 통한 사법부 장악은 역사적으로 결코 이례적인 현상이 아니다. 역사는 할 수만 있다면 언제라도 정치권력이 사법권력을 장악하려고 했다는 사실을 말해 준다. 법치주의와 권력분립 원칙이 가장 발달해 있고, 또 가장 존중된다는 미국에서조차, 정치권력은 항상 사법권력을 장악하려고 기도했다. 미국에서는 대통령이 연방대법원장뿐만 아니라 모든 연방대법관을 임명한다. 그래서 일반적으로 연방대법원장 및 연방대법관 지명자는 대통령의 정치적 그림자다.

연방대법원장이나 연방대법관 지명자가 여야 간의 세력균형을 유지할 수 있는 중립적인 인물이어야 한다는 생각을 품는 사람도 있다. 그러나 이는 세상물정 모르는 천진난만한 원론적 주장이거나 마키아벨리적인 주장이다. 대통령이 중도적인 인물을 대법관으로 임명하기를 마냥 기다리는 것은 어리석은 일이다. 그렇기 때문에 대통령의 사법권력 장악 의도를 적절하게 제어하는 권력통제 시스템을 갖추어야만 한다. 미국은 연방대법원장 및 대법관의 임명 절차에서 상원의 동의가 그런 견제 장치 역할을 한다. 하지만 여당이 상원의 다수당이라면 견제장치는 사실상 아무런 역할도 할 수 없다.

대통령의 정치적 입장에서 본다면, 대통령이 자신의 정치적 이익과 비전에 봉사할 수 없는 혹은 봉사하지 않을 대법원장이나 대법관을 임명하는 것은 큰 정치적 실책이다. 물론 임기 중에 여러 명의 대법관을 임명함으로써 대법원의 권력 구조를 변경할 수 있는 기회를 얻는 대통령도 있지만, 그러지 못하는 대통령도 있다. 그러나 임명 기회가 주어진다면, 대통령은 사법부를 포함하여 각종 국가기관에서 적절한 인사를 통해 자신의 정책을 실현시키고자 할 것이다. 때로 사법부의 지지가 정책 수행에 결정적인 요인이 되기도 하기 때문이다. 루스벨트가 경험한 사법권력이 바로 이런 종류의 권력이었다.

사법권력 장악은 대통령과 정치권력이 포기할 수 없는 수단이자 전략이다. 그렇기 때문에 권력 사이에 적절한 견제와 균형이 제도적으로 이루어지고 명목상이 아니라 실질적으로 권력분립이 이루어질 때, 그 사회는 건실하게 운영되고 발전한다. 권력분립과 사법권의 독립은 바로 이 같은 역설적인 권력관계 속에서 비로소 의미를 갖는다.

그렇다면 사법권을 둘러싼 적절한 견제와 균형은 어떤 것일까? 어떻게 해야 견제와 균형의 적절성에 도달할 수 있는가? 어떤 형태의 견제를 용인함으로써 어떤 형태의 균형을 추구해야 하는 것일까?

미국의 한 사례를 살펴보자. 2010년 1월 27일, 버락 오바마(Barack Obama) 대통령은 대법원장과 대법관들이 참석한 국정연설에서 연방대법원의 판결을 비판했다. 그러자 판결을 지지했던 새뮤얼 알리토(Samuel Alito) 대법관이 혼잣말로 "사실이 아닌데."라고 말하면서 불편한 심기를 드러냈다. 오바마 대통령이 거론한 연방대법원 판결[4]은 같은 해 1월 21일에 내려졌다. 이것은 기업이 선거전을 위해 자금을 후보자에게 기부할 수 있는지, 즉 기업의 표현의 자유에 관한 판결이었다. 보수파가 다수를 점하고 있는 연방대법원은 기업을 법적 인격으로서 파악하고 당연히 표현의 자유를 인정해야 한다고 판결했다. 기업은 후보자에게 직접 선거자금을 줄 수는 없지만 선거 후보를 홍보하는 데 독자적으로 경비를 지출할 수 있다는 것이다. 이 판결로 기업은 특정 후보를 위해 사실상 자금을 무제한 사용할 수 있게 되었다. 오바마 대통령은 기업을 단순히 법적 인격일 뿐 아니라 외국계 기업의 영향력까지 포괄하는 것으로 해석했다. 오바마는 "권력분립의 원칙을 최대한 존중하면서 말씀드리자면, 지난 주 연방대법원은 한 세기 동안 존중되어 온 법을 파기했고 본인은 외국계 기업을 포함한 특수이해집단의 자금이 우리 선거판에 홍수처럼 무제한 쏟아져 들어올 수 있는 문을 열어 주었다고 생각합니다."라고 말했다.

연방대법원의 판결로 외국계 기업이 미국의 선거전에서 막대한 영향력을 행사할 수 있는지 여부는 현재로서는 단지 추측에 불과하다. 실제로 연방대법원 재판 과정에서 이와 같은 외국계 기업의 영향력 문제가 신중하게 검토된 바 있다. 그렇다면 알리토 대법관은 무엇에 대해 "사실이 아닌데."라고 했을까? 그는 기업의 헌법상 권리에 대해 오바마 대통령과 의견을 달리하여 기업을 개인처럼 법적 인격으로 간주하였을 뿐 특수이해집단으로 파악하지 않았을 수도 있다. 혹은 그가 연방대법원이 파기한 법을 틸만법 이후 '한 세기 동안 존중되어 온 법'이 아니라 태프트-하틀리법 이후 63년 동안 존중된 법으로 생각했을 수도 있다.[5)]

아무튼 이 국정연설 논란의 핵심은 공식석상에서 대통령이 연방대법원의 판결을 비판했다는 점이 아니다. 대법관이 공식석상에서 대통령의 연설을 비판했다는 점도 아니다. 서로 다른 의견을 피력하는 것은 민주주의의 생존 증거이자 원동력이다. 의견의 차이는 창의성의 발현이며 개성의 차이를 의미한다. 대통령이나 연방대법관은 서로를 비판할 수 있으며, 동일한 사항에 대해 다른 의견을 가질 수도 있다. 여기서 문제는 대통령이 연방대법원장과 대법관의 면전에서 그러한 비판을 개진하고, 알리토 대법관이 대통령 앞에서 비판을 개진했다는 점이다.

사실 신년 초에 이뤄지는 미국의 국정연설도 항상 온화하거나 희망찬 분위기는 아니다. 물론 사사건건 트집을 잡는 우리 정치와는 확실히 다르다. 미국 정치인들은 여야 간 이견이 없는 주제에 관해서는 서로 응원해 주기를 주저하지 않는다. 때로는 기립박수를 보내는 광경도 종종 목격할 수 있다. 그러나 국정연설 중에 파당적인 쟁점이 언급되면 상황이 달라진다. 한쪽에서 기립박수를 하는데도, 다른 한쪽에서는 팔짱을 낀 채 냉정하게 백안시한다.

일반적으로 연방대법관들은 국정연설이 진행되는 동안 내내 냉정한 태도로 일관하기 일쑤다. 어떤 대법관들은 참석조차 하지 않는다. 헌법에 의해 의무화되어 있는 대통령의 국정연설에 반드시 대법관이 참석할 필요는 없다. 알리토 대법관 자신이 원해서 국정연설장에 참석하지 않았더라도 예의와 관례에 벗어나지 않는다.

따라서 정작 문제가 된 것은 오바마 대통령과 알리토 대법관의 태도, 즉 예의와 관례에 어긋나는 태도였다. 정치는 설득력을 기반으로 삼아야 한다. 대통령도 대법관도 국민에 봉사하는 자리이고, 자신의 신념과 행위를 국민에게 설득해야만 한다. 한쪽이 상대를 모독하면, 다른 한쪽이 아무리 노력해도 설득 과정은 허물어지기 마련이다. 상대방의 주장을 끝까지 인내하며 경청하는 태도야말로 민주주의의 근본이기 때문이다. 결국 2010년 국정연설장에서, 오바마와 알리토는 민주주의의 근본에 어긋나는 행위를 서슴지 않았다.

미시적이며 사소한 것 같아 보이는 것들이 한데 모여서, 민주주의의 절차와 과정을 작동시킨다. 이러한 민주주의적 예의와 정치문화가 결여된 상황에서 사법권의 독립이나 사법권의 책임을 논하는 것은 고상하긴 하지만 실질적으로는 아무런 큰 의미가 없거나 심지어는 매우 위험하다. 추상적 논설은 쉽게 정치적 무기가 되거나 이데올로기화되기 때문이다. 몽테스키외가 '법의 정신'을 그 나라의 풍토, 생활양식, 그리고 습속의 맥락에서 파악해야 한다고 역설한 것은 바로 이 때문이다.

이 책에서 이런 예의와 정치문화를 직접적으로 다루지는 않는다. 그러나 사법권의 독립성과 책임성 문제를 다루고, 구체적인 사례를 설명하면서 자연스럽게 민주주의적 예의와 정치문화를 간접적으로 다룰 것이다. 주로 사법권 독립이 역사상 처음으로 실현된 미국의 사례를 비교 관점에서 다룰 것이다. 그러나 앞서 지적한 사례와 앞으로 설명할 내용에서 알 수 있는 것처럼, 이와 같은 문제에 있어 미국이 전범(典範)이라고 생각하지는 않는다. 법과 법의 정신은 구체적인 상황과 문화 속에서 숨 쉬는 것이기 때문이다.

사법권의 독립이란 무엇인가

법관으로 구성된 법원은 구체적인 쟁송사건에서 국민의 자유와 권리를 보호해야 할 헌법상 의무와 권리를 지닌다. 법원은 타 국가기관으로부터 독립함으로써 공정하고 정당한 재판을 확보하고 평화적 분쟁 해결을 통해 사회 법질서를 유지하며 헌법을 수호한다. 따라서 사법권의 독립은 그 자체로 합목적성을 가지지 못하며 궁극적으로 개인의 자유와 권리를 위한 수단적 헌정원리일 뿐이다.[6]

위의 논리를 거꾸로 뒤집어 보자. 개인의 자유와 권리를 충실히 보장하는 모든 사법제도가 반드시 사법권의 독립을 제도적으로 요구해야 하는 것은 아니다. 달리 말해서 법원이 다른 국가기관으로부터 독립해 있지 않더라도 개인의 자유와 권리는 충분히 보장될 수 있다. 실제로 영국은 의회가 사법 기능을 담당하고 있지만, 사법권이 독립되어 있지 않다고 해서 다른 나라의 국민들에 비해 영국 국민의 자유와 권리가 현저히 침해당하고 있다고 말할 수 없다. 영국 국민의 자유와 권리는 어느 나라보다도 잘 보장받고 있다.

우리 사회는 사법권 독립을 수단적 헌정 이념이라고 간주하면서도, 사법권 독립을 절대화하는 경향이 있다. 우리 헌법이 권력분립과 사법권의 독립을 헌법 원리로 채택하고 있다는 점을 이유로 이를 정전화(正典化)하려 들기 때문이다. 이로 인해 다른 헌법 및 헌정체제와의 객관적 비교를 거부해 온 까닭도 있다. 사법권의 독립에 대해 비판적인 태도를 유지하면 마치 국가를 전복시키고 개인의 자유를 침해하는 것으로 단정하는 것은 바람직한 자세가 아니다. 거꾸로 사법권의 독립을 내세우며 이를 성역화하려는 것 역시 올바른 자세는 아니다. 사법권 독립은 수단적 이념이며, 그것은 개인의 자유와 권리에 봉사하는 한도 내에서만 수용 가능한 이념이기 때문이다.

사법권 독립이 헌정원리이기는 하지만 수단적 이념인 까닭에, 개인의 자유와 권리를 침해하는 방식으로 운영된다면 이는 과감하게 변경되어야 한다. 이를테면 사법부의 조직은 독립적이어야 한다. 하지만 개인의 자유와 권리를 침해하는 경향이 노골적으로 나타난다면, 사법조직을 변경하는 일을 과감하게 고려해야 한다.

그러면 사법권 독립의 일반적인 개념을 간단히 살펴보자. 사법권 독립이란 좁은 뜻에서 법관의 재판상 독립을 뜻한다.[7] 이는 사법권 독립의 본질적 요소로서, 현행헌법 제103조에서 선언하고 있는 바와 같이 법관이 구체적인 쟁송에서 어떠한 외부적·내부적 간섭을 받지 않고 헌법과 법률에 의해 양심에 따라 심판하는 것을 말한다.[8] 여기에서 외부적·내부적 간섭이란 소송당사자뿐만 아니라 다른 어떠한 국가기관, 사회세력, 상급심 법원이나 법관 동료, 그리고 자신의 신념을 의미한다.

넓은 뜻에서 사법권 독립은 법원의 독립과 법관의 신분상 독립을 포함하는 것으로, 이는 법관의 재판상 독립을 보장하기 위한 수단이다. 현행헌법 제101조는 "사법권은 법관으로 구성된 법원에 속한다."라고 하여, 사법권을 입법권과 행정권으로부터 분립하고 있다. 또한 현행헌법 제106조는 "법관은 탄핵 또는 금고 이상의 형의 선고에 의하지 아니하고는 파면되지 아니하며, 징계처분에 의하지 아니하고는 정직, 감봉, 기타 불리한 처분을 받지 아니한다."라고 규정함으로써 법관의 신분을 보장하고 있다. 이와 같은 넓은 의미에서의 사법권 독립은 공정성과 정당성에 입각한 재판을 통해 합리적인 판결에 이르도록 법관의 신분과 지위, 그리고 법관이 속해 있는 사법부의 제도적 독립성을 보장하고자 하는 것이다.

긍정적인 관점에서 독립성 문제를 말하자면, 사법권의 독립은 결국 법관의 자율성을 확보하려는 것이라고 할 수 있고, 이는 두 종류의 자율성으로 구분될 수 있다.[9] 첫째, 사법권의 독립은 법관의 외적 자율성을 의미한다. 이는 다른 개인이나 집단 혹은 기관으로부터 개인적으로나 집단적으로 법관의 자율성을 확보하는 것으로, 위에서 언급한 일체의 간섭이나 개입의 회피를 의미한다. 이런 점에서 법관의 외적 자율성은 소극적 자율성이라 할 수 있다. 둘째, 사법권의 독립은 법관의 내적 자율성을 의미한다. 이는 법관이 독립적으로 사고하고 판단하여 행동하는 고도의 자율성을 의미하는 것으로, 우리 헌법학계에서 흔히 말하는 일반적인 의미의 사법권 독립과는 상이하다.

그런데 법관이 고도의 합리적 이성을 통해 헌법과 법률을 독립적으로 해석하여 판단할 수 있는 능력을 의미하는 법관의 내적 자율성은 법관의 외적 자율성으로부터 자동적으로 연원하지 않는다는 데 문제가 있다.[10] 제도적 차원에서든 실천적 차원에서든, 법관의 외적 자율성이 확보된다고 해서 그 결과로 반드시 법관의 내적 자율성이 확보, 확대되는 것은 아니다. 법관의 외적 자율성이 법관의 내적 자율성을 자동적으로 보장해 주는 것은 아니기 때문이다.

예를 들면 제도적, 실천적으로 아무리 법관의 외적 자율성이 잘 갖추어져 있다고 하더라도, 임관된 지 채 몇 년이 지나지 않은 초임 판사는 선배 판사의 충고와 조언을 경청하지 않을 수 없다.[11] 또한 합의재판부에서 배석판사는 비록 명시적인 지침이 없다고 하더라고 주임판사의 판결 방향에 의해 크게 좌우될 것이다. 이처럼 내적 자율성을 확보하지 못한 신참 법률가를 판사로 임용하는 것은 사법권의 독립을 확보하는 데 걸림돌로 작용한다. 이러한 임용 관행을 원천적으로 금지해야 하지만 당장의 현실에서 어쩔 수 없다면 최소한으로 억제하는 것이 바람직할 것이다.

또 인지상정(人之常情)을 강조하는 우리나라의 사회적 풍토에서 비롯된 청탁 관행과 전관예우 관행은 근본적으로 법관의 내적 자율성 부재를 보여 준다. 개인의 명예보다도 집단의 가치와 이익을 중시하는 풍토 속에서, 법관의 내적 자율성은 상대적으로 폄하될 수밖에 없고 지속적으로 증진되기 어렵다. 개인주의보다 집단주의가 우월한 사회에서, 내적 자율성이란 법관 개인에게는 사회적 고립을 의미할 수도 있다.

법관의 내적 자율성을 지속적으로 향상시키기 위해서는 인문학적 가치를 존중하고 사회봉사의 의미를 중시하는 문화가 배양되어야 한다. 이런 맥락 속에서, 훌륭한 법관과 훌륭한 판결을 존중하고 존경하는 풍토와 습속이 만들어져야 한다. 대법관이든 일반 법관이든 본받을 수 있는 법관들을 발굴하고, 우리 사회를 진일보시킨 훌륭한 판결도 발굴해 일반인들이 쉽게 접하고 이해할 수 있도록 해야 한다. 좋은 선례를 통해 법관의 내적 자율성이 가지고 있는 사회적 가치와 유익을 강조하고 따를 수 있도록 함으로써, 신임 법관뿐 아니라 법관 주변에 있는 사람들과 기관이 법관의 내적 자율성을 존중할 수 있도록 해야 한다.

사법권 독립의 개념을 논의할 때 고려해야 할 사항이 있는데, 독립성이 결코 배타성이나 단절을 의미하는 것이 아니라는 점이다. 예를 들어 구체적인 쟁송에서 법관은 사건당사자로부터 독립하여 어떠한 간섭이나 지시를 받지 않아야 한다. 법관은 민사재판에서는 소송당사자, 형사재판에서는 검찰, 행정재판에서는 행정관청으로부터 어떠한 간섭이나 지시도 받지 않아야 한다. 법관이 독립성을 유지하지 못하면 제척(除斥)이나 기피, 혹은 회피할 수 있다.

그러나 사건당사자로부터 법관의 재판상 독립이 사건당사자의 호소와 간청에 대한 무시나 폄훼(貶毁)를 의미하는 것은 절대 아니다. 법관은 사건당사자의 제시 근거와 주장을 경청하고 그것을 명확하고 올바르게 파악해야 할 의무가 있다. 예를 들면 광우병 사태 관련 제1심의 형사재판에서 담당 판사는 검사의 공소사실을 명확히 이해하고 이에 대해 판결을 내릴 의무가 있는데도 그러지 않았다. 공소사실은 "한국인이 인간광우병에 걸릴 확률이 94퍼센트가량 된다."라는 것인데, 담당 판사는 판결문에서 "한국인은 인간광우병에 걸릴 가능성이 높고 유전적으로 취약하다는 내용에 대해 사실과 다르다고 할 수 없다."라고 주장함으로써 사실상 공소사실의 내용을 왜곡하고 있다. "인간광우병에 걸릴 확률이 94퍼센트가량이다."와 "인간광우병에 걸릴 가능성이 높고 유전적으로 취약하다."는 등가하여 환치할 수 있는 내용이 아니다.

법관은 사건당사자로부터 단절되어 있는 것이 아니다. 적법한 재판절차를 통해 사건당사자의 주장과 의견을 올바르게 청취함으로써 그 내용이 진실이라면 설득을 당해야 하며, 그래야 공정하게 사건을 판결할 수 있다. 또한 법관은 적법한 재판절차에 의해 제시된 증거에 의존해야 한다. 그래야 올바른 판결에 도달할 수 있다. 법관은 사건에 대해 자신의 신념이나 주장을 가지고 있더라도 적법절차를 통해 청취하고 검토한 주장과 의견에 따라 필요하다면 자신의 입장을 수정하면서 최종적인 결정에 도달해야 하는 존재다. 이런 점에서 법관은 사건당사자로부터 적절한 영향을 받는 수동적인 존재다.

구체적인 쟁송에서 법관은 고통과 번민으로 신음하는 사건당사자의 이야기를 자신의 이야기처럼 들어 주는 자세를 견지해야 한다. 물론 법관은 여기에만 머물러서는 안 된다. 사건당사자 양편의 주장을 청취한 후에 무엇이 진실인지 불편부당하게 결정해야 하고, 이 진실에 적절한 법률을 적용해야 한다. 그러나 판결에 이르는 최후 순간까지도 법관은 사건당사자의 주장과 의견을 왜곡하거나 폄하해서는 안 된다. 판결은 공감과 설득의 예술이기 때문이다.

요컨대 역설적이게도 사법권의 독립은 관계적 개념이다. 앞으로 자세히 이야기하겠지만 사법권은 허공에 존재하는 신적 존재의 권력이 아니다. 법관의 외적 자율성이라는 차원에서, 사법권의 독립이란 법관이 다른 개인이나 집단 혹은 기관과 맺어야 하는 혹은 맺지 않아야 하는 관계에 대한 이념이다. 이와 동시에 법관의 내적 자율성이라는 차원에서, 사법권의 독립이란 법관이 자기 자신과 맺어야 할 혹은 맺지 말아야 할 관계에 관한 이념이기도 하다. 따라서 사법권의 독립을 올바르게 구축하고 유지하기 위해서는 여러 측면에서 관계의 다양한 양상과 특

징 그리고 역학을 연구할 필요가 있다. 규범적 측면에서뿐만 아니라 실천적 측면에서 어떤 관계가 가장 바람직한지 탐구해야 한다.

사법권의 독립을 관계적 개념으로 이해해야 하는 또 하나의 이유는 사법권의 책임성[12] 때문이다. 민주사회에서의 사법권은 그 자체로 유래하는 고유한 권력이 아니라 주권자인 국민으로부터 연원하는 권력이다. 사법권의 독립은 국민의 자유와 권리를 보장하는 민주적 목적에 부합해야 한다. 따라서 국민의 인권 보장에 따라 사법권의 구조 및 운영이 이루어져야 한다. 위에서 예시한 것처럼, 법관은 공정하게 사건당사자의 주장과 의견을 청취해야 할 의무와 책임이 있다.

불공정하거나 불합리한 재판 과정이나 판결, 재판에 대한 부당한 간섭이나 개입, 비민주적이고 위헌적인 인사 시스템이나 법원행정 등은 사법권의 책임을 강조하는 원인이 된다. 고질적인 불공정성과 부당성만이 문제가 되는 것은 아니다. 공정성이나 민주성에 대한 관념은 부단하게 변화하기 때문에, 현재의 관점에서 볼 때 전혀 문제로 인식되지 않는 부분조차 추후에 문제화될 수 있다. 달리 말하면, 사법권의 책임성 역시 사법권에 부단히 요구되어야 하는 이념이다.

표면적으로 볼 때, 독립과 책임은 서로 대척점에 있는 개념이다. 사법부는 외부의 요구 없이 자발적으로 국민에 대한 책임을 강조하는 사법개혁을 추진할 수도 있다. 그러나 책임을 강조하다 보면, 2010년과 2011년의 사법개혁처럼, 사법권에 대한 개입이나 간섭이 자연스럽게 정당화되고 외부에서 간섭이 이루어질 수밖에 없다. 역사적으로도 독립은 자유주의적 이념이지만 책임성은 민주주의적 이념의 성격이 강하다. 그렇기 때문에 두 가지 이념은 현실에서 충돌하거나 긴장관계에 놓인다.[13]

그러나 사법권의 독립이 배타적이거나 단절적 개념이 아니라 관계적 개념이라는 점을 염두에 둔다면, 사법 독립과 사법책임이 반드시 대척점에 있어야 하는 것은 아님을 알 수 있다. 사법권 독립의 문제처럼 사법권 책임의 문제도 결국 법관과 이해당사자(개인, 집단, 기관)가 어떤 관계를 맺을 것인지의 문제이기 때문이다. 이를테면 위에서 언급한 연방대법원에 대한 오바마 대통령의 비판처럼, 문제는 대통령이 대법원의 판결을 비판할 수 있는지가 아니다. 어떤 시점에서 어떤 방식과 수위로 대법원의 판결을 비판할 것인지가 문제이다. 또 다른 예로, 신평 교수가 사법책임을 강조하기 위해 쓴 글을 보자.

"어떤 법관이 재판을 진행하면서 이른바 '전관예우'의 일환으로 한쪽 변호사에게 증거의 채택 등에서 유난히, 편파적으로 유리하게 해 주었다고 치자. 상대방 측에서 이를 이유로 그 법관에 대한 징계를 해 달라고 진정(陳情)했을 때, 이 진정은 사법의 독립을 침해하는 것으로서 허용되지 않는 것인가? 그렇지 않다. 사법의 독립은 사법의 책임이 운위되는 장에서는 일정 부분 축소되고, 위와 같은 경우에는 사법의 책임이 보다 선명하게 부각되어야 하는 것이다."[14]

위 사례의 재판 과정에서, 담당 법관의 독립성은 비록 타의는 아니지만 전관예우로 인해 이미 상실되었고, 법관과 소송당사자의 공정하고 합리적인 관계는 훼손되었다. 사법부는 전관예우로 인해 피해를 입은 소송당사자 개인에 대해 마땅히 책임을 져야 한다. 이와 동시에 사법부는 훼손된 독립성에 대해서도 책임을 져야 한다. 사법권의 독립성 복원에 이르는 치유 과정의 책임은 일차적으로 법관과 법원이 져야 한다. 물론 더 나아가 전관예우를 당연시하고 정당화하는 이 사회도 책임을 져야 한다. 사법권의 책임성은 전관예우로 인해 피해를 입은 소송당사자 개인에 관한 것이기도 하지만 이와 동시에 독립성을 상실한 법원에 관한 것이기도 하다. 이런 점에서 사법권의 독립성과 책임성은 상호 긴장관계에 있는 동시에 상호 균형관계에 있다. 책임을 전제하지 않은 독립은 방종이고, 독립을 전제하지 않은 책임은 굴종이기 때문이다.

법관의 재판상 독립

 사법권 독립의 본질적 내용은 법관의 재판상 독립이다. 현행 헌법 제103조에 따르면, 법관은 헌법과 법률에 의하여 양심에 따라 독립하여 심판한다. 구체적인 쟁송에서 법관은 사법부 내외의 어떠한 개인이나 기관으로부터 간섭이나 개입 혹은 지침을 받아서는 안 된다. 일반적으로, 법관의 재판상 독립은 (1) 소송당사자로부터의 독립 (2) 법원 내부로부터의 독립 (3) 타 국가기관으로부터의 독립 (4) 사회세력으로부터의 독립을 달성해야 한다고 본다.

 이 같은 일반적인 설명에서, 독립은 단순히 배타나 단절을 의미하는 것이 아니라는 점은 위에서 설명한 바와 같다. 위에서 '소송당사자로부터의 독립'이 소송당사자의 의견이나 주장에 대한 무시나 폄훼를 의미하는 것이 아니라는 점도 이미 언급했다. 이때, 독립이란 부당한 영향의 배제를 의미할 뿐, 합리적 근거에 입각한 정당한 영향은 마땅히 수용되어야 하며 법관은 이를 엄격하게 이해해야 한다. 너무나도 당연한 설명이긴 하지만, 판결은 사실의 확정 이후에 내려지는 것이므로, 이해관계가 첨예하게 갈등을 빚는 쟁송에서 사실에 대한 엄격한 이해는 더욱 중요할 수밖에 없다.

법원 내부로부터의 독립은 사법부 내부에서 법관의 독립을 확보하기 위해서다. 일반적으로 법원 내부로부터의 독립은 다음과 같이 이해된다. 법관의 임명권자이자 보직권자인 대법원장은 물론 각급법원장은 소속 법관에게 구체적인 소송사건에 관해 간섭하거나 지시를 내릴 수 없다. 각급법원장이 사법행정사무에 관한 지휘감독권을 가지고 있지만, 구체적인 사건에 대한 지휘감독권을 가지고 있는 것은 아니기 때문이다. 또한 법원과 지원에서 설치되어 운영되는 판사회의는 사법행정을 위한 자문기구일 뿐, 구체적인 재판에 간섭하거나 개입할 수 없다. 심급제도에 의해, 상급법원의 결정은 당해 사건에 관해 하급심을 기속하지만, 그것은 당해 사건에 한하여 그렇다. 이것은 영미권의 선판례구속 원칙과 다르다.

우리의 사법 현실은 어떠할까? 2009년 봄 우리 사회를 들끓게 했던 신영철 대법관(당시 서울중앙지법원장)의 촛불재판 개입 사건을 참고해 보자. 위에서 간단히 지적한 바와 같이, 사법행정상의 감독권은 재판사무를 포함한 법관의 재판권을 침해할 수 없다. "사법행정권은 현재 계류 중인 재판의 내용, 절차 등에 관하여 영향을 줄 수 없으며…… 재판과 직접관계에 있는 모든 행위로서 그것이 준비행위이든 심리중의 행위이든 또는 재판 선고 후의 행위이든 불문한다. 예컨대 기일의 지정, 당사자·증인 등의 소환, 재량에 속하는 기간의 단축연장·주심법관의 지정, 증거조사, 소송지휘, 재판의 변경결정 등에 대하여 사법행정상의 감독으로서 명령하거나 영향을 주는 행위는 허용될 수 없다."15)

그러나 법원 내부로부터 법관의 독립은 그리 간단한 문제가 아니다. 법원조직법 제12조에 따르면, "대법원장 및 각급법원의 장은 적정한 사무분담과 사건의 신속한 처리를 위하여 사법행정상의 조치를 취할 수 있다."16) 신영철 대법관은 촛불재판 개입 문제가 터졌을 때 서울중앙지법원장이었고, 마땅히 신속한 사건 처리를 위해 사법행정조치를 내릴 수 있었던 지위에 있었다. 2009년 3월 촛불시위 재판을 배당할 때, 신영철 법원장이 보수적 성향의 판사에게 몰아줬고, 단독판사들이 문제를 제기하자 사건을 재배당한 뒤 단독판사들에게 압력을 행사했다는 의혹이 제기되었다. 법원공무원노조는 배당부에 대한 정보공개를 청구했으나 거부되자 소송을 제기했다.

여기서 사법독립 침해행위로 문제가 된 것은 두 가지다. 하나는 신영철 법원장이 광우병사태관련 촛불집회사건 11건 가운데 8건을 보수 성향의 부장판사 한 명에게 배당했다는 점이다.17) 통상적으로 집회사건과 같은 일반사건은 컴퓨터 추첨에 의해 무작위로 배정하는 것이 법원의 관행이자 원칙이다. 그러나 대법원은 쟁점이 유사한 사건은 양형의 편차를 방지하기 위해 동일한 재판부에 배당하는 것도 오랜 관행이라고 해명했다. 신영철 법원장의 '몰아주기 배당'은 과연 적절한 조치일까?

또 다른 침해행위는 신영철 법원장이 2008년 10월 14일 촛불사건 담당 판사들에게 이메일을 통해 신속한 사건 처리를 촉구했다는 것이다. 이메일은 10월 9일 광우병사태 관련 촛불사건을 맡은 박재영 판사가 현행 집회 및 시위에 관한 법률 제10조 야간옥외집회 금지조항[18]이 기본권인 집회의 자유에 어긋나는 위헌조항이라는 취지의 위헌심판을 청구하자 촛불사건들의 재판이 연기되는 상황 속에서 발송되었다. 이후에도 여러 차례에 걸쳐 유사한 내용의 이메일이 발송되었다. 이 같은 이메일 발송은 법관의 재판상 독립을 훼손하는 행위일까?

물론 사실관계 전모가 명확하게 파악되지 않은 상태에서 매우 민감한 사안에 대해 단정적으로 말하는 것은 부적절하고 부당한 일이다. 현재의 처지에서는 어느 정도의 유보를 두면서 논의를 전개하는 것으로 독자들의 양해를 구한다.

먼저, 좀 더 쉬운 문제라고 할 수 있는 몰아주기 배당에 대해 생각해 보자. 임의배당 그 자체로는 사법권 독립에 대한 침해로 볼 수 없다. 사건배당 방식 중 하나로 활용되어 왔으며, 앞으로도 활용될 것이다. 대법원이 설명한 것처럼, 유사한 관련 사건들을 집중 심리함으로써 양형의 편차를 최대한 줄이고 통일성을 기하려는 노력은 당연히 존중되어야 한다.

그러나 촛불시위사건 자체가 매우 정치적으로 민감한 사건이고, 담당법관의 정치적 입장이나 신념에 따라 매우 다른 판결이 나올 수 있을 것이라는 점이 쉽게 예상되었다. 신영철 법원장도 어렵지 않게 이러한 예상을 했을 것이다. 따라서 이 사건의 배당 방식 결정 과정에서 가장 중요한 고려사항은 양형의 통일성이나 형평성이라기보다 공정성이다. 특히 이 공정성은 법관이나 법원뿐 아니라 사건당사자나 정치적 이해관계자들이 수긍할 만한 정도여야 했다. (바로 이러한 점이 사법권 독립이 단순히 법관이나 법원의 문제가 아니며 관계적 관점에서 살펴보아야 하는 이유 중 하나다). 만약 진보 성향 법원장이 진보 성향 부장판사에게 이 사건을 모두 임의배당했다면, 보수 진영의 법관이나 정치인들은 당연히 사법권 독립이 침해되었다고 주장했을 것이다. 따라서 고도의 공정성을 유지하고 판결의 설득력을 확보하기 위해서는 임의배당보다는 기계적 배당이 적절한 배당 방식이다. 혹은 지금까지 정치적으로 중립적 입장을 견지해 왔다고 객관적으로 평가되는 법관에게 배당되었다면 사건당사자가 수용할 수 있었을 것이다.

신영철 법원장의 '몰아주기 배당'은 매우 부적절한 결정이었다. 그 이유가 임의배당이었기 때문만은 아니다. 그 사건의 성격을 파악하는 데 있어, 법원장으로서 양형의 통일성은 고려했지만 공정성을 충분히 통찰하지 못했기 때문이다. 사법권 독립은 사건당사자인 개인의 자유와 권리를 보호하기 위한 수단이고, 이를 구현하는 가치 중 하나가 바로 공정성이다.

그런데 문제는 여기에서 끝나지 않는다. 신영철 법원장은 그 사건의 공정성 문제를 통찰하지 못했던 것일까, 아니면 의도적으로 무시한 것일까? 당시는 고현철 대법관의 퇴임으로 조만간 대법관 인사가 있을 것이 분명했고, 신영철 법원장은 자신이 유력한 대법관 후보임을 충분히 인지하고 있었다. 그는 정치권력에게 가시적인 존재에서 확고한 존재로 고양될 수 있는 계기를 촛불시위사건에서 발견했던 것은 아닐까? 만약 그렇다면 그것은 사법권 독립을 침해한 것일 수밖에 없다.

그럼 두 번째로 이메일 발송 문제를 생각해 보자. 신속한 사건 처리를 촉구하는 이메일은 사법권 독립의 절대적 기준으로 보면 분명히 독립 침해로 이해될 수 있다. 이메일을 통한 촉구 행위는 구체적인 소송사건에 대한 직접적인 압력이며 법관의 절차진행권에 대한 간섭으로 판단된다. 더욱이 이메일 전문 내용에 따르면 신영철 법원장은 2심 재판부가 야간집회 금지규정의 위헌성 여부를 고려할 것이므로 1심 단독판사들에게 위헌 여부를 고려하지 말 것을 권했다. 적용 법률의 위헌제청 여부를 결정하는 것은 담당 법관의 고유한 판단권한이므로, 이는 매우 '노골적인 재판 개입'[19]이다.

원론적으로 보면 신속한 재판을 받을 권리는 국민의 기본권이며, 사법행정을 담당하는 법원장으로서 신속한 재판을 촉구하는 것은 충분히 존중될 수 있다. 그러나 사건당사자에게 신속한 재판이 거의 유죄판결과 다름없는 결과를 초래한다면, 그것은 전혀 다른 이야기다. 위헌심판이 청구되었는데도, 현행 집시법의 통상적인 적용 및 처리에 대한 신영철 법원장의 촉구는 유죄판결 가능성을 현저하게 높이는 경향이 있었다. 따라서 그의 이메일은 가뜩이나 정치색이 강한 이 사건의 정치성을 더 악화시키는 결과를 초래했으며 사회는 분열과 대립의 소용돌이 속으로 더욱 빠져들었다.

물론 우리의 사법현실은 이렇게 간단하지는 않다. 대학을 갓 졸업하고 사법시험에 합격하여 사법연수원에서 실무를 익히고 부임한 신임 법관은 사실상 단독적으로 법관 역할을 할 수 없다. 당연히 신임 법관은 실무적 차원에서 재판의 진행절차와 법리해석 및 적용 등의 충고와 격려를 받지 않을 수밖에 없다. 이러한 선후배 판사의 상하관계는 10년이 지나도 사라지지 않는다. 더욱이 기수에 의해 승진과 퇴임을 결정하는 판사들의 서열제도하에서 선배 판사의 위력은 쉽게 외면할 수 없다.

반복적으로 지도와 편달을 받으며 서열제도에 의해 재생산되는 사법문화와 관행에 비춰 본다면, 신속한 사건 처리 촉구에 대한 욕망은 그리 일탈적인 일도 아니다. 이러한 관행에 대해 심각한 문제의식이 있었을지라도, 신영철 법원장은 신속 처리를 요구했던 이메일을 그렇게 심각하게 생각하지 않았을지 모른다. 그리고 이메일을 받은 법관들도 즉각적으로 이메일이 중대한 독립침해라고 주장하지 않았다. 이메일이 문제화된 것, 정확히 표현해서 정치화된 것은 신영철 법원장이 대법관이 된 이후다. 이념적 기준에서 볼 때 우리 사법현실은 이상과 현실 사이에 너무나도 엄청난 격차가 존재하는 것이다.

이런 우리 사법문화를 감안할 때, 이 사건들이 촛불시위사건이 아니라 정치색이 거의 없는 다른 사건들이었다면, 법원장의 신속한 재판 촉구는 전혀 문제되지 않았을 것이다. 똑같이 법관의 재판상 독립을 침해하는 것인데도 말이다. 신속한 재판을 전혀 원하지 않는 재판에서 혹은 신속한 재판 논의 자체가 필요 없는 재판에서, 법관 인사가 임박했다고 해서 혹은 다른 이유로 신속한 재판을 촉구하는 법원장의 이메일은 당연히 법관의 재판상 독립을 침해하는 행위임에 틀림없다.

법원 내부로부터의 독립에 관하여 또 하나 지적할 점은 〈PD수첩〉 관련 형사재판의 판결이다. 하급법원은 심급제도에 의해 상급법원의 결정에 따르도록 되어 있다. 법과 사회의 안정성을 위해 심급제도에 따라 상급법원의 판결은 하급심을 기속한다. 그러나 그것은 당해 사건에 한해서다(법원조직법 제8조). 그러나 이 경우에도 하급심이 상급의 지시에 반드시 따라야 한다는 뜻은 아니다. 파기 혹은 취소환송되는 경우에, 하급심은 상급법원이 취한 법률상 판단을 반드시 존중해야 한다는 뜻이다. 당해 사건이 아닌 한, 해당 사건의 사실을 확정하고 확정한 사실에 어떤 법률을 적용할 것인지 결정하는 일은 철저하게 법관 개인의 몫이다. 사실의 인정과 법률의 해석에 관하여, 상급심의 의견을 반드시 따라야 할 필요는 없다.

사회와 역사는 변화하고, 이에 따라 법원도 변화한다. 그렇기 때문에 기존 판결이 항상 절대적 우위를 차지해야 할 이유란 없다. 이것은 영미법에서도 마찬가지다. 선판례구속의 원칙에도 불구하고 그렇다. 예를 들면 미국 연방대법원이 내린 선판결이 있지만 연방지방법원은 다른 판결을 내리는 경우가 발생한다. 모든 사건은 사실에서나 법률에서나 유사할 수는 있어도 절대로 동일하지 않다. 따라서 최고법원의 판결은 기껏해야 가장 중요한 지침일 뿐이며, 절대적 원칙은 아니다. 예를 들면 적극적 평등실현조치나 낙태, 동성결혼 등 사회적으로 매우 민감한 이슈에 관해서, 지방법원에서조차 판결은 일사불란하지 않다.[20] 새로운 사회양상이 반영되고 새로운 견해가 등장한다. 때로 상급법원은 개인의 자유와 권리 보호에 봉사하는 하급법원의 창의적 발상과 논리를 기꺼이 수용하기도 한다. 연방대법원의 판결을 읽다 보면, 지방법원 판결의 논리를 상당히 수용한 경우를 종종 발견하곤 한다.

이렇듯 하급법원의 창의적인 판결과 사법 다양성은 법원 전체의 건강성을 유지하는 데 기여한다. 물론 하급법원이 무리하게 논리를 전개하기도 한다. 그러나 이는 그 사회가 필연적으로 부담해야 하는 비용이다. 오히려 사법부가 건강해서 나오는 젊음의 상징인 여드름일 수도 있다.

이런 건강성을 유지하기 위해, 법관은 "상소심과 견해를 달리하거나 자기의 재판이 파기 또는 변경되어도 그러한 이유로 민사상, 형사상 및 징계상의 책임을 부담하지 않는다."[21] 법관의 면책권은 법관의 재판상 독립이 가능하게 만들어 주는 방어벽이다. 물론 면책권이 있다고 해서 재판상의 직무에 소홀해도 된다는 뜻은 절대 아니다. 징계처분이나 탄핵을 할 수 있는 사유가 아닌 한, 사실의 확인과 법률의 해석에 있어 법관의 창의성과 사법 다양성은 마땅히 존중되어야 한다.

법원 내부로부터의 독립과 관련하여 언급해야 하는 또 다른 문제는 우리법연구회다.[22] 우리법연구회는 1988년 6·29 선언 이후 제5공화국 사법부 수뇌부의 유임에 반발하여 창립된 진보 성향 판사들의 모임이다. 우리법연구회는 김용철 대법원장을 퇴진시키고 그 후임으로 이일규 대법원장이 취임하도록 영향력을 행사했던 이른바 '2차 사법파동'을 주도한 인물들(김종훈, 유남석 이광범 판사)과 법학도서 읽기 모임의 회원들(강금실 판사 등)이 합류하면서 태동했다. 노무현 행정부 시절 우리법연구회 회원들은 요직에 발탁되었다. 대표적인 인물로는 박시환 대법관, 강금실 전 법무부 장관, 김종훈 전 대법원장 비서실장이 있다. 또한 위의 촛불시위와 관련한 임의배당에 문제를 제기했던 이정렬 현 창원지법 부장판사와 송승용 현 수원지법 판사도 우리법연구회 회원이다.

우리법연구회는 매월 월례 세미나를 갖고 헌법을 비롯하여 경제법, 노동법 등 법이론을 탐구했으며, 회원들은 각자 특정 주제의 논문을 발제했다. 또 사상의 자유, 언론의 자유, 국가보안법 등 우리 사회의 다양한 헌법적 법률적 이슈들을 토론하고 연구했다. 그런데 우리법연구회의 주요 기능이 이처럼 법학에 대한 학술 연구 활동이라고 할지라도 서열제도가 깊이 뿌리박혀 있는 우리의 사법제도를 감안한다면, 우리법연구회가 판결의 방향 설정에도 직간접적으로 영향을 미쳤음은 명백하다.

심지어 우리법연구회 전 회장 문형배(사시 28회) 현 창원지법 진주지원장은 "우리법연구회의 다수 회원이 지지하는 대법원장이 취임하셨고 우리법연구회 출신 변호사가 대법관에 제청되었다."라고 하면서, "우리법연구회는 대법원장을 지지하고, 법원의 중요 부분을 구성함으로서, 주류의 일원으로 편입되었다."라고 자부심을 피력했다.[23]

이 글에는 사법부에 대한 권력 지향적 사고와 파벌적 인식, 특정 집단을 축으로 하는 세력화, 법관의 권력적 성향이 나타나 있다. 우리법연구회에서 이러한 사유(思惟)가 의도적으로 주장되거나 전반적으로 공유되지 않는다고 하더라도, 신영철 당시 서울중앙지방법원장의 이메일과 비교해 볼 때 더 은밀하고 파급효과가 크다. 사법권을 장악한 주류의 의중에 따라 자신의 미래가 달라질 것이라고 생각한다면, 소장법관들이 구체적인 쟁송에서 독립적으로 자신의 입장을 정하고 공정하게 판결을 내리기 어려울 것이다. 이는 우리법연구회 소속의 법관이 아니더라도 마찬가지다.

법관은 권력 지향적 사유로부터 의식적이든 무의식적이든 영향을 받지 않을 수 없다. 정치적 성향이 강한 사건을 처리할 때는 그 정도가 심하다는 것을 쉽게 예상할 수 있다. 물론 오재성 우리법연구회장(성남지원 부장판사)은 "무엇보다 법관은 누구의 조정에 따라 판결하는 사람들이 아니다."라고 주장한다.[24] 당위론의 관점에서 보면 그의 말은 옳다. 그러나 현실은 반드시 그런 것이 아니다. 권력 지향적 사유의 영향력이 비록 소수, 혹은 극소수의 법관에게만 미쳤다고 할지라도, 그것은 사법권의 독립을 위태롭게 했다고 말할 수 있다. 모든 소송의 총합을 통해서 판단하는 것이 아니라 구체적인 소송 하나하나가 공정하게 재판되어야 하기 때문이다.

더욱이 보수 성향의 사건당사자가 관련된 소송사건이 우리법연구회 소속의 법관에 배정되었을 때 사건당사자가 느낄 심리적 부담과 고통을 생각해 보라. 어떤 판결이 나오든지 상관없이, 소송당사자들이 과연 공정한 재판을 받았다고 말할 수 있겠는가. 사법부의 신뢰성과 설득력도 쇠락할 것이다.

사회적 부담도 마찬가지다. 우리법연구회 소속이 아닌 법관이 결정한 사건인데도, 판결에 대한 논란이 일어나고 그 핵심에서는 우리법연구회의 영향이 거론된다. 알렉산더 해밀턴(Alexander Hamilton)이 언급했던 것처럼, 사법부는 판결을 집행할 수 있는 강제력을 가진 기관이 아니다. 그렇기 때문에 세 부서 가운데 가장 약하다. 사법부는 공정성과 합리성을 통해 국민을 설득하고, 그 설득하는 힘으로부터 존재의 당위성과 이유를 찾는 기관이다. 그런 범위 내에서 사법권 독립이 사회적으로 존중되고 보호되는 것이다.

법관의 재판상 독립은 타 국가기관으로부터의 독립을 의미하기도 한다. 법관은 입법부나 행정부의 지시나 감독을 받지 않는다. 국회는 계류 중인 소송사건에 대해 국정감사 및 국정조사를 통해 간섭할 수 없다. 다만 직무상 의무위반과 법관으로서의 현저한 품위 손상에 한해 법관을 탄핵 소추할 수 있다. 이에 관해서는 법원의 독립을 다루면서 더 설명할 것이다.

이제, 사회세력으로부터의 독립에 대해 알아보자. 법관은 다른 국가기관뿐 아니라 사회적·정치적·경제적 압력단체나 이익집단으로부터 독립해야 한다. 특히 오늘날 신문, 잡지, 방송, 인터넷 등 대중매체의 사회적 영향력과 중요성이 증대되면서, 대중매체로부터 법관의 독립은 더욱 중요시되고 있다. 사회세력으로부터의 독립은 물질적 폭력뿐 아니라 심리적 폭력까지 포함한다. 그리고 일반 사회보다 법정에서의 비판은 법정질서 유지를 위해 법정모독 같은 강력한 처벌을 통해 통제된다.[25]

그러나 민주사회에서 사법부의 주인은 국민이므로, 직접적 혹은 간접적으로 사법부에 대한 건전한 비판을 제기할 수 있으며 또한 제기해야 한다. 현행헌법 제21조는 언론출판의 자유를 보장하고 있고, 현행헌법 제109조에서 재판 공개를 원칙으로 하는 까닭도 바로 이 때문이다. 국민이 비판할 수 있는 사항은 '공판절차에 있어서의 재판부 구성, 재판의 공개여부, 심리의 신중·공정성 등'이며 재판 자체와 관련해서는 '사실인정의 타당성, 법이론적인 문제, 판결 결과의 구체적인 타당성과 사회적인 영향 등'이다. 또한 국민은 법관의 주관적인 측면이라 할지라도 소송사건에 영향을 미치는 않는 한 '법관의 편견, 신조, 무능 및 편파성 등'을 문제시할 수 있다.[26]

지난 2010년 1월 20일, 이용훈 대법원장은 "우리 법원은 사법부 독립을 굳건히 지켜낼 것"이라고 짧게 언급했다. 강기갑 민주노동당 대표에 대한 무죄관결을 둘러싼 정치권과 여론의 논란이 확대되자, 사법부 비판에 대해 의미심장한 한마디를 던진 것이다. 대법원장으로서 당연히 할 수 있는 말이지만, 사법부의 독립은 국민과 함께 지켜내는 것이다. 또 법원은 국민의 적절하고 건설적인 비판을 받아야 할 의무가 있다. 그런데도 어떤 판사는 하급심 "판결 때문에 법원이 이렇게 공격당하는 경우는 처음 본다."라면서 "대다수 판사들이 있을 수 없는 일이라는 데 공감하고 있다."라고 표명했다.[27]

그러나 하급심이든 상급심이든 국민의 재판비판은 민주적 가치와 정당성을 가지고 있기 때문에 존중되어야 한다. 재판에 영향을 끼칠 염려가 있거나 그러한 목적이 없는 한, 재판비판을 위한 집회 또는 시위도 허용되어야 한다.[28] 사법권의 독립을 위해, 국민과 사법부 사이에 건설적이고 비판적인 관계가 형성될 때 오히려 판결의 다양성이나 법관의 창의성이 옹호되고 격려될 수 있다. 단기적으로는 다양한 판결 때문에 국민의 비판이 더욱 거세지겠지만, 미국의 역사에서도 볼 수 있는 것처럼 장기적으로 보면 국민의 포용력은 확대될 것이다.

물론 언론의 시사적인 논평이나 비평이 재판에 약간의 영향을 줄 수도 있다. 그러나 이러한 재판비판조차 무조건 금지되는 것은 아니다. 달리 표현하자면, 재판비판이라고 해서 언론의 자유가 더 제한을 받거나 혹은 더욱 광범위하게 허용되는 것은 아니다. 물론 언론 자유의 한계가 그러하듯이, 당연히 법관이나 사건당사자와 증인의 인권을 침해하거나 명예를 훼손하는 것은 허용되지 않는다.

언론의 재판비판 허용범위에 관해서는 미국 연방대법원의 브리지스 사건(Bridges v. California)의 판결[29]에서 그 단면을 엿볼 수 있다. 브리지스 판결은 두 사건이 병합된 사건이다. 그 하나는 브리지스 사건이다. 부두노동자조합장인 해리 브리지스(Harry Bridges)는 로스앤젤레스 카운티의 지방법원(Superior Court)에 계류 중인 사건에 관하여 프랜시스 퍼킨스(Frances Perkins) 노동부장관에게 전보를 보내고 전보 사본을 서부 해안의 여러 신문사에 배포했다. 당연히 신문사들은 전보를 기사화했다. 전보의 내용에 따르면, 브리지스는 만약 지방법원이 노동조합에 우호적인 판결을 하지 않는다면 파업을 일으킬 것이라고 말했다. 이러한 협박성 위협은 퍼킨스 장관에게 한 것이지만, 해당 사건의 법관에게도 부정적인 영향을 미칠 수 있다는 점이 예상되었다. 로스앤젤레스 카운티의 지방법원은 브리지스의 행위를 법정모독으로 결정하고 벌금을 부과했다. 물론 지방법원은 전보를 기사화한 신문사의 사주와 편집장도 역시 법정모독으로 벌금을 부과했다. 그리고 캘리포니아 주 대법원도 역시 같은 판결을 내렸다. 그러나 브리지스는 이에 굴하지 않고 이 결정을 표현의 자유와 언론의 자유에 위배되는 것으로 간주해 연방대법원에 상고했다.

병합사건 중 또 하나는 타임스 미러 사 대 지방법원 사건(Times Mirror Co. v. Superior Court)이다. 이 사건은 「로스앤젤레스 타임스」가 당시 계류 중인 사건의 판결에 영향을 미치려는 의도를 가지고 일련의 사설을 출판했다는 것으로 시작되었다. 2명의 노동조합원이 비조합원들을 폭행한 사건에 대하여, 「로스앤젤레스 타임스」는 만약 판사가 노동조합원에게 집행유예를 선고한다면 '심각한 잘못'을 저지르는 것이라고 서슴지 않고 말했다. 지방법원은 「로스앤젤레스 타임스」의 회사인 타임스 미러 사에 법정모독으로 벌금을 부과했고, 캘리포니아 주 대법원도 역시 동일한 결정을 내렸다.

연방대법원은 이 두 사건을 병합하여 결정하면서 이 같은 원고의 행위는 표현의 자유와 언론의 자유에 의해 보장된다고 판시하고 하급심의 결정을 파기했다. 5대 4의 결정으로 법정의 견을 작성한 휴고 블랙(Hugo Black) 대법관은 법정 밖의 언론과 출판에 있어 사법부에 대한 경멸을 불러일으키거나 혹은 계류 중인 재판에서 질서 있는 재판진행을 간섭하는 "'내재적 경향' 혹은 '합리적 경향'이 자유로운 표현의 제한을 정당화할 만큼 충분하지 않다."라고 주장했다.[30] 언론의 재판비판이 사법부를 경멸했다고 해서 혹은 계류 중인 재판의 질서 있는 진행에 영향을 준다고 해서, 그 재판비판을 법정모독으로 처벌할 수 없다는 것이었다.

연방대법원은 법정모독의 심사기준으로 '내재적 경향' 혹은 '합리적 경향' 대신에 '명백하고도 현존하는 위험' 원칙을 제시했다. '명백하고도 현존하는 위험'의 심사기준은 1919년 솅크 사건(Schenk v. United States)[31]에서 올리버 웬델 홈스(Oliver Wendell Holmes, Jr.) 판사가 세운 기준으로, 표현의 자유가 용인할 수 없는 표현이란 그 표현으로 인해 정부가 방지해야 할 실질적 해악이 극히 심각하며 그 긴박성의 정도가 매우 높아서 명백하고도 현존하는 위험을 가지고 있어야 한다는 것이다.[32] 연방대법원은 브리지스의 전보를 정부에 대한 정당한 청원으로서 수정조항 제1조가 보장하는 헌법상 권리라고 판단했고, 「로스앤젤레스 타임스」 사설의 영향은 실제로 무시할 만한 정도로 심각하지도, 실질적이지도 않다고 판단했다. 따라서 이들의 재판비판 행위가 '명백하고도 현존하는 위험'에 이르지 않았다고 판결했다.[33]

물론 헌법 수정조항 제1조에 의해 보장받는 미국 언론의 재판비판이 우리 사회에서도 그대로 보장받을 수 있는지는 다른 문제다. 일반적으로 우리 사회는 미국만큼 폭넓게 표현의 자유를 인정하지 않는다고 간주되기 때문에, 재판비판에 대한 표현의 자유가 미국처럼 보장된다고 말하기 어렵다. 특히 국가보안법 등으로 인해 표현의 자유가 상당히 위축되어 있는 것이 사실이며, 이에 따라 재판 비판 역시 위축되어 있다.[34] 그러나 오늘의 현실에 비추어 보면, 국가의 존립과 안전 그리고 자유민주적 기본질서를 위태롭게 하지 않는 한, 재판비판에 관한 표현의 자유는 보장되어야 한다.

설령 하급심 판결에 지나지 않은 것이긴 하지만 국민이 자유롭게 비판하는 것은 매우 정당한 헌법상 권리의 행사이다. 하급심 판결 때문에 법원이 공격당하는 경우는 처음 본다며 있을 수 없는 일이란 데 공감하는 태도[35]와 우려는 사법부의 독립을 독선적으로 강조하는 것이다. 그러나 분명히, 몇몇 하급심 판결 때문에 대법원장의 책임론을 거론하는 것은 어떠한 경우에도 부적절하다. 사회적 문제가 일어날 때마다 회자되는 '책임론'은 행정체계에서나 정치계에서조차 바람직하지 않다.

더구나 물리적 힘을 이용해 사법부에 항의하는 태도는 어떠한 경우에도 용인되어서는 안 된다. 출근하던 대법원장의 관용차에 달걀을 투척하고도 상식에 어긋난 판결을 보고 흥분해서[36] 그랬다는 식의 비이성적인 주장은 허용될 수 없는 변명이다. 판결이 어떠하든지 간에, 일부 보수단체의 과격시위나 폭력행위의 위협 때문에 판사들을 신변보호하게 된 것은 우리 사법역사에서 불행한 일이 아닐 수 없다. 법관뿐 아니라 법원, 사택, 증인, 배심원, 법원직원과 이들이 사용하는 건물 근처에서조차 소송사건에 영향을 미칠 의도로 집회나 시위를 벌이는 것도 금지된다.[37] 그러나 역설적이게도 사법부의 서열구조, 대법원장의 권력집중현상 등을 고려할 때, 사법개혁을 위한 대법원장의 노력이 필요하다는 항의는 쉽게 간과될 수 없다.

법관은 재판상 독립을 유지하지만, 헌법과 법률 그리고 양심에 구속된다. 현행헌법 제103조에서 규정한 바와 같이, 법관은 '헌법과 법률에 의하여 그 양심에 따라 독립하여' 재판을 해야 한다. 헌법과 법률에 대한 법관의 구속은 법치주의의 당연한 요청이며, 양심에 대한 구속은 공정성과 합리성을 추구하는 직업으로서의 법관에 대한 당연한 요청이다. 이때 법률은 단순히 제정법만을 의미하지 않는다. 실질적 의미의 조약, 국제법규, 국제관습법도 포함하는 개념이다. 다만 법관은 상호 저촉되는 법률을 적용할 때 상위법우선원칙, 신법우선원칙, 특별법우선원칙에 따라 규범통제권을 고려해야 한다. 또 적용할 법률이 헌법과 합치하는지 여부도 고려해야 한다.

법관은 재판함에 있어 양심에 기속된다. 이 양심은 도덕성과 윤리성에 근거한 인간으로서의 보편적이면서도 주관적인 양심이며, 이와 동시에 공정성과 합리성에 근거한 엄정중립이라는 직업 수행상의 객관적인 양심이다. 흔히 우리 헌법학계에서는 재판에서의 양심은 법관 개인의 인간적인 양심이라기보다 '직무수행상의 양심'[38] 혹은 '객관적인 법관으로서의 양심, 즉 법조적·객관적·논리적인 양심…… 직업윤리적인 양심'[39]을 말한다. 예를 들면, 어떤 법관이 사형폐지론자라고 해서 현행법상 인정되고 있는 사형결정을 거부할 수 없다는 것이다. 그래서 만약 "'법관으로서의 양심'과 '인간으로서의 양심의 자유[(현행헌법) 제19조]'가 충돌하는 경우에는 법관은 자신의 '인간으로서의 양심의 자유'를 주장할 수 없다."[40]고 말한다. 이와 같은 맥락에서, 헌법재판소는 법조적 양심에 따른 재판을 가능하게 하기 위한 구체적 조건으로서 법관의 판단재량권을 인정한다. 만약 법관의 판단재량권이 심각하게 혹은 원천적으로 제약을 받는다면 해당 법률은 법관의 재판상 독립을 침해하는 것으로 판단되어 위헌으로 결정된다.[41]

법관으로서의 법조적 양심에는 판단재량권뿐 아니라 구체적인 쟁송을 다루면서 유지해야 하는 보편적 가치와 덕목도 포함된다. 사건의 진실을 파악하여 인정할 때나 적용될 법률을 선택하고 해석을 할 때 공정성과 합리성은 물론이고, 법관의 중립성[42]은 계속 유지되어야 한다. 그러나 재판상 유지해야 할 양심은 단순히 법조적 양심에 국한되지 않는다.

달리 말해 인간으로서의 보편적 양심과 직업윤리적 양심은 하나의 층위에 존재하지 않는다. 양심은 구체적인 쟁송에서조차 다양한 차원에서 중첩성과 복합성을 갖는다. 소송의 전개와 판결에 이르는 과정에서 법관 개인에게 내재화되어 있고 내재화되기를 요청하는 보편적 양심과, 고도의 이성을 가진 직업인으로서 요구되는 직업윤리적 양심은 중첩되고 복합적으로 구성된다. 이를테면 '부정(不正)한 자기 자신'이 법률적으로 범죄를 구성하지 않는다고 하더라도, 법관은 자신의 양심을 훼손하는 '부정한 자신으로부터의 독립'[43]이 요청된다.

더욱이 현행헌법 제37조는 "국민의 자유와 권리는 헌법에 열거되지 아니한 이유로 경시되지 아니한다."라고 선언하고 있다. 헌법에 명시적으로 열거되지 않은 '국민의 자유와 권리'를 발견하는 주체는 법관의 양심이다. 이 양심은 자연법에 따른 자연권, 인간의 보편적 자유와 권리, 개인의 참담한 역경과 처지를 살피는 보편과 개별을 아우르는 인간다움의 창(窓)이다. 우리 헌법학계는 지금껏 법리에만 매달려 온 탓으로 법관의 양심을 지나치게 실정법적으로만 파악하고 있는 것이다. 미국 헌법 조문에는 한 글자도 쓰여 있지 않는 프라이버시 권리[44] 등 인간의 자유와 권리를 발견해서 판결을 통해 구체화할 수 있었던 것은 바로 보편과 개별을 아우르는 법관의 양심이다. 우리 사법역사에서, 초등학생조차 읊조릴 수 있는 명판결이나 명언이 나오지 않는 것은 법관의 양심을 지나치게 직업윤리적으로만 파악하고 있는 까닭이다. 헌법해석을 통한 헌법 확장은 단순히 직업윤리적 양심만으로는 불가능하다.

인간다움의 양심을 가진 법관조차도 그가 인간이기 때문에 결코 재판에서 완전할 수 없다. 그리고 불완전한 인간의 불완전한 판결은 여러 제도와 절차를 통해 통제되고 구제된다. 구체적인 재판에서 법관의 과도한 독립성으로 발생할 수 있는 권력 남용은 법치사법원칙, 사법절차(법관합의제, 상소제와 재심제, 헌법소원), 정치적 통제(탄핵, 사면), 형사책임추궁제도, 국가배상책임제도를 통해 통제된다.[45] 그러나 이러한 각종 통제수단과 제도에도 불구하고 독재 권력의 권위주의적 지배로 정치사회적 이데올로기의 깃발 아래 사법권의 독립이 실질적으로 붕괴되고 사법부의 책임성이 상실되기도 한다.

따라서 독재 권력에 의해 사법권의 독립이 현저히 침해된 사건이 대법원의 판결로 종결되었다고 하더라도, 재판의 공정성 및 판결의 합리성과 정당성을 확보하여 사법권의 독립을 회복하고 국민에 대한 사법권의 책임을 구현하기 위해서는 재심 및 국가배상이 불가피하다. 사법부의 독립성과 책임성은 근본적으로 개인의 자유와 권리를 위해 존재하는 도구적인 헌정 원칙이기 때문이다. 다만, 재심이 가능하려면 중대한 사실 오인의 오류가 발견되어야 하므로,[46] 특히 국가범죄 혹은 정치재판인 경우 오류의 발견, 즉 실체적 사실을 규명하는 데 진실화해위원회 같은 국가기관의 도움이 요청될 수밖에 없다.

그러나 '사법부의 과거청산'이라는 이름 아래 재심을 국가정책으로 추진하는 것은 바람직하지 않을뿐더러 위헌의 소지도 있다. 어떤 재판이 정치재판이라 하더라도, 그것이 합법적이고 공정한 재심을 통해 실체적 사실이 밝혀져 정치재판이었음이 결정이 난 후에야 비로소 그 재판을 정치재판이라 할 수 있기 때문이다. 재심 이전에 미리 정치재판으로 간주하는 것은 사법부의 독립과 책임을 현저히 훼손하는 것이다. 공정한 재심을 통해 실체적 사실이 밝혀져 실체적 정의가 바로 설 수 있도록 유보(留保)하고 인내하는 자세가 필요하다.

2005년 9월 25일, 이용훈 대법원장은 취임사에서 '사법부 과거사' 반성의 소신을 밝혔다. 그는 "사법부는 독립을 제대로 지켜 내지 못하고 인권 보장의 최후 보루로서 소임을 다하지 못한 불행한 과거를 갖고 있다."[47]라며, 재심요건을 완화해 과거사 문제를 해결하고자 했다.[48] 이러한 사법정책적 선언은 사법부를 일사불란한 조직처럼 움직이려는 권위주의적 발상에서 나온 포퓰리즘적 발언이다. 과거의 사법관료주의적 통제방식을 재생산하는 방식일 뿐만 아니라 법관의 재판상 독립을 훼손한다. 대법원장이 바뀌면 권위주의적 사법정책도 바뀌어서 새로운 사법정책아래 법관 개인의 사고와 판결을 강제할 수 있는 불합리한 상황을 만들 수 있기 때문이다.

사실 재심에 있어서의 가장 큰 문제는 헌법의 동일성과 연속성 문제다. 현행헌법의 여과 규정(부칙 제5조)에 따르면 현행헌법 시행일을 기준으로 현행헌법과 위배되는 모든 기존의 법률은 효력이 상실된다. 물론 기존의 법률 범주에는 기존의 헌법이 포함되지 않는다. 그렇다면 현행헌법과 구헌법은 어떤 관계를 가지는가. 현행헌법은 건국헌법뿐 아니라 제3공화국 헌법, 유신헌법, 제5공화국 헌법과 동일성을 지닌다. 그리고 "신헌법의 시행과 동시에 구헌법은 규범논리적으로 배제된다. 한 나라 안에 두 개의 최고법이 존재할 수 없기 때문이다."[49]라는 주장은 쉽게 받아들일 수 없다. 현행헌법이 구헌법을 거의 전면 개정한 것이며 사실상 새로운 헌법의 제정과 다름없다고 주장되곤 하지만, 현행헌법은 건국헌법의 파기(=폐기) 혹은 폐지(=폐제)라고 볼 수 없다.[50] 편의상 정치체제의 관점에서 현행헌법을 제6공화국 헌법이라고 부른다고 하더라도, 헌법의 정신, 입헌취지, 개정내용 및 절차, 관습과 습속이라는 관점에서 볼 때 헌정적으로 옳지 않다.

우리나라는 건국 이래 '줄곧 공화정으로 일관된'[51] 대한민국이다. 따라서 명시적으로 개정되지 않은 부분은 여전히 효력이 있다고 봐야 한다. 이런 맥락에서, 좋든 싫든 간에, 비상헌법의 위치를 점하고 있는 국가재건비상조치법이나 1962년 헌법의 부칙 봉쇄조항 등은 여전히 효력을 지닌다. 이것은 1987년 당시 성급히 서둘러 개정했던 현행헌법의 미완성에 기인하며, 당시 여야가 야합하여 기존의 헌법에 면죄부를 준 까닭이기도 하다. 또 후일 대통령을 역임했던 정치 지도자를 포함한 여야가 헌법의 통치권력 부분에만 관심을 기울이고, 헌법폐지(=폐제)를 명시적으로 분명히 했다면 발생하지 않았을 일들에 대한 포괄적인 통찰력과 성찰이 부족했던 탓이다.

법관의 재판상 독립은 개인의 자유와 권리 보장을 목적으로 한다는 점에서 수단적 헌법원리임에는 틀림없다. 그러나 개인의 자유와 권리를 보장하는 방식은 합법적이며 공정하고 합리적이며 정당해야 한다. 당시의 '현재'를 통제했던 과거의 독재 권력처럼, '과거'를 통제하려는 현재의 권력도 역시 독재적일 수밖에 없다. 물론 현재를 형성하고 있는 과거를 절대시하고 박제화하려는 노력 역시 독재적이다. 사법부는 구체적 쟁송을 종결하면서 법질서와 법적 평화에 도달하려고 노력한다. 이 과정에서 헌법이 규정하고 보장하는 법관의 재판상 독립은 헌법과 법률뿐 아니라 양심에 호소함으로써 질서와 평화를 확보하고자 한다. 양심을 가진 법관에 대한 신뢰가 없다면 결코 사법권의 독립은 성취될 수 없다.

법관의 신분상 독립

법관의 신분은 헌법과 법률에 의해 보장된다. 법관의 신분보장이 완벽하지 않으면 법관의 재판상 독립이 침해받을 가능성이 매우 높기 때문에, 사법권의 독립을 유지하는 데 매우 중요한 요소이다. 헌법에는 법관 자격의 법정주의(제101조 제3항), 법관 임기제(제105조 제1항~제3항), 법관 정년의 법정주의(제105조 제4항)가 규정되어 있다.

법관의 자격은 법률로 정한다(제101조 제3항). 법원조직법 제42조 제3항에 따르면, 법관은 (1) 사법시험에 합격하여 사법연수원의 소정과정을 마친 자와 (2) 변호사의 자격이 있는 자 중에서 임용한다. 일반 법관은 대법관회의의 동의를 얻어 대법원장이 임명한다(현행헌법 제104조 제3항). 대법원장은 국회의 동의를 얻어 대통령이 임명하고(현행헌법 제104조 제1항), 대법관은 대법원장의 제청으로 국회의 동의를 얻어 대통령이 임명한다(현행헌법 제104조 제2항).

법관 자격의 법정주의는 "행정부에 의한 사법권의 침해를 방지하고 있다."52) 또는 법관의 자격과 더불어 법관의 결격사유를 법률로 "규정함으로써 임의적인 법관임용이 가져올 수도 있는 사법부의 임명권자에 대한 예속화 현상을 제도적으로 방지하고 있다."53) 이 같은 법정주의는 법관의 임의임용을 방지하는 효과는 있지만, 사법부에 대한 행정부의 침해나 사법부의 임명권자에 대한 예속화 현상을 제도적으로 방지하는 것은 아니다. 일반적으로 우리 헌법 교과서들은 현행헌법과 법률의 내용을 당연한 것으로 상정하고 논의하기 때문에, 해당 조문을 비판적으로 설명하기보다는 이를 정당화한다.

앞으로 설명할 것처럼, 법정주의 규정은 한편으로 문자적으로 입법부나 행정부의 침해를 방지하고 있지만, 다른 한편으로 입법을 추진하기만 한다면 언제나 그 영향을 사법부가 고스란히 받을 수밖에 없다는 것을 의미한다. 즉, 법관 자격의 법정주의뿐 아니라 법관 정년의 법정주의는 사법부와 다른 부서가 갈등을 빚으면 언제나 다른 부서의 의향에 따라 강제로 변화될 수밖에 없다는 사실, 즉 가장 미약한 처지에 사법부가 놓여 있다는 사실을 반증한다. 다시 말해 법정주의는 양날의 검인 셈이다. 편향적으로 바라볼 일이 아니다.

2010년에 법관의 자질과 경험 부족이 정치적으로 쟁점이 되었다. "지난해 우리나라 신임 판사 92명의 평균 연령은 28.8세였다. 2005년 29.7세였던 것이 여성 신임판사 비율이 늘면서 계속 낮아지고 있다. 신임 판사의 43퍼센트가 27세 이하였고 25세의 여성 판사도 5명이었다. …… 남자 신임 판사들의 군법무관 경력을 빼면 대부분 공부 말고는 이렇다 할 경험 없이 판사가 된다."[54] 더욱이 판사 임용은 사법시험과 사법연수원 성적순으로 이루어지고, 이 성적은 승진의 지속적인 결정요인 가운데 하나로 작용한다. 그렇기 때문에 판결의 사회적 설득력이 현저히 떨어지면 경험과 연륜 부족, 사회에 대한 이해 부족, 나아가 상식 부족까지 거론된다.

사법부와 판결의 신뢰성을 제고하기 위해서, 판사의 자격을 일반 검사나 변호사 및 군법무관과 구별하여 이들보다 더 강화하거나 격상할 필요가 있다. 검사나 변호사 등의 법조경력을 10년 이상 갖춘 사람을 판사로 임용하는 법조일원화(경력법관제)를 도입하고 3년 동안 재판연구관으로 근무하게 한 뒤 판사로 임용하는 로클럭(law clerk)제도를 도입하기로 여야가 합의한 것은 바로 이런 이유 때문이다. 그러나 법조일원화가 정치권으로부터 더욱 힘을 받아 도입된다는 사실 자체는 사법부가 오늘날 얼마나 미약한 존재인지 반증하는 것이다.

미국의 법관제도는 기본적으로 법조일원화되어 있다. 일반적으로 우리나라와 같은 대륙법 체계의 국가에서는 법관이 전문 직업이며, 흔히 정부 공무원이다. 법과대학을 졸업하고 시험을 통과하거나 또는 일정 기간의 수습기간을 거쳐 판사가 된다. 그러나 미국 판사는 기본적으로 변호사다.[55] 법관의 자격을 정한 명문규정은 없지만, 일반적으로 판사가 되려면 반드시 실무 경험이 있어야 한다. 간단히 말해 법관은 변호사 가운데서 선임된다. 물론 변호사가 되기 위해서는 3년간의 법학전문대학원(로스쿨)에서 실무를 통한 법학교육을 마치고 변호사 시험에 합격해야 한다. 그러나 모든 심급의 법관들이 변호사에서 곧바로 선임되는 것은 아니다. 일반적으로 대부분의 연방지방법원 법관은 변호사에서 선임되지만, 연방고등법원이나 연방대법원 판사가 변호사에서 직접 임용되는 경우는 극히 적다. 대부분 연방이나 주의 행정부 고위공무원이나 하급법원 법관 혹은 정치인 중에서 선임된다.

그런데 흥미로운 점은 상당수 판사가 현역 정치인 혹은 정당원 이력자라는 점이다. 연방항소법원 판사 중 5분의 4가 정치인 경력이 있다는 연구 결과가 있다.[56] 뒤에 더 자세히 설명하겠지만, 미국의 많은 주에서는 판사를 선거로 선출하기 때문에, 법관은 공화당이던 민주당이든 간에 충실한 당원이어야 한다. 판사직 진출은 정치적 충성심에 대한 일종의 보상이다. 심지어 어떤 주에서는 입후보할 때 일반 선거직 공무원처럼 자신의 소속 정당을 명시할 것을 요구받기도 한다.

우리 사회에서 이러한 방식의 법관의 정치적 관련성 혹은 경향성이 용인될 수 있을까? 판사의 정치적 이력 혹은 정치적 성향은 사법권의 독립 혹은 판결의 정치적 경향성에 심각하게 영향을 미칠 것이다. 판사 임명 자체는 사법부의 정치적 장악을 의미한다. 더욱이 미국의 연방판사는 종신직이므로, 사법부의 정치적 장악은 매우 견고하게 작동하게 된다. 우리나라에서 적어도 현재로서는 전혀 도입 불가능한 모습이다.

동일한 이유로 사회적으로 판결의 공정성 논란이 없을까? 당연히 있을 수밖에 없다. 노사, 복지, 낙태, 동성결혼, 프라이버시, 조세 등과 같이 사회 전반에 걸친 다양한 문제에 관하여 논란이 끊이지 않는다. 그래서 연방대법원 청사 앞에서 시위를 하는 것을 목격하는 일은 그리 어렵지 않다. 지난 2011년 1월 22일에도 낙태를 허용한 오래전의 판결과 관련하여 연방대법원 앞에서 낙태반대 항의시위가 있었다.

그러나 우리나라의 법관은 기본적으로 공무원이다. 법원조직법에 따르면, 공무원인 법관은 '정치운동에 관여하는 일'[57]이 금지되어 있으므로 광범위한 의미에서 정치적 활동을 할 수 없다.[58] 법관의 정당가입이나 소극적인 정치활동도 제한된다. 또 "헌법재판소 재판관은 정당에 가입하거나 정치에 관여할 수 없다."[59]고 분명히 금지하고 있다. 이는 정치적 고려에서 판결을 내리는 것을 방지하기 위한 것이라고 한다.

그러나 현실적으로 법관도 자기 나름대로의 정치적 의견을 가질 수 있고, 사실 정치적 의견은 판결을 통해 의식적이든 무의식적이든 나타나기 마련이다. 법관도 이 사회 속에서 함께 살아가는 사회적 존재이며, 법관의 판결은 고도의 합리적 이성에 근거한 지적 소산물이기 때문이다. 법원조직법과 헌법의 정치관여금지조항은 당위론적 이상이며, 현실적으로는 기껏해야 노골적인 정치적 판결 정도를 방지할 수 있을 뿐이다. 특히 대법원이나 헌법재판소는 고도의 정치적 이념이나 정책이 깊숙이 관여되는 사건을 다루기 때문에 법관 자신의 정치적 이념과 이해관계에 따라 판결을 한다. 사실상 대법원의 대법원장이나 대법관 혹은 헌법재판소의 재판관 임명은 정치적 보은이거나 결탁 혹은 이해득실의 합리적 계산과 전략에 의한 경우가 대부분이기 때문에, 현실적으로 판결의 정치적 성향의 내재성을 전면 부정하는 것은 위선이다.

더욱이 법조일원화 정책이 본격적으로 시행되면, 정치적 성향이 같은 사람들을 법관으로 임용하는 '코드임용'이 크게 성행할 것이다. 3년, 5년 이상의 법조경력자를 각각 임용하는 2013년과 2018년에 코드임용이 서서히 그 실체를 드러내고 7년, 10년 이상의 법조경력자를 각각 임용하는 2020년과 2022년에는 사회적으로 큰 파장을 불러올지도 모른다. 사법연수원을 갓 졸업한 신참 법관의 정치 성향은 파악할 수 없지만, 7년 혹은 10년 이상 경력을 쌓다 보면 정치적 이해관계가 분명하게 드러나기 때문이다.

따라서 장기적으로 보면, 법관이 정무직 공무원처럼 정치적 의견을 일정 부분 제시하는 것도 우리 사회의 갈등을 해소하는 방법이다. 이는 판결의 이면에 깔려 있던 법관의 정치적 의견을 양성화하는 것이다. 법관이 자신의 정치적 입장을 드러냄으로써 오히려 정치적으로 민감한 사안을 회피할 수도 있다. 미국처럼 다양한 이해관계와 긴장관계 속에서도 사회가 요구하고 지지하는 정치적 방향성에 따라 법관의 임명을 견제하거나 통제할 수도 있다. 이를 통해 사법부의 책임성을 강화함으로써 사법권 독립을 더욱 굳게 만들 수 있다. 그러나 법관의 정치적 경향을 공적으로 인정하기 위해서는 법관의 신분보장, 특히 승진과 재임용 문제가 전향적으로 해결되어야 한다. 미국 연방판사처럼 종신직이거나 주 법원 판사처럼 선출직이더라도 연임 가능성이 상당히 높은 경우와 마찬가지로, 정파나 파당적인 정책 혹은 이해관계에 휘둘리지 않아야 한다.

이제 법관의 임기 및 정년에 대해 말해 보자. 법관의 임기는 10년이며 연임될 수 있다. 이에 비해, 대법원장과 대법관의 임기는 상대적으로 짧은 6년이다. 대법원장은 중임할 수 없지만, 대법관은 연임할 수 있다(현행헌법 제105조 제1~3항). 헌법재판소 재판관의 임기는 6년이며, 연임할 수 있다(현행헌법 제112조 1항). 일반적으로 '법관에게 임기를 제한한 것은 법관의 보수화를 막기 위한 목적'[60] 때문이라고 한다. 그렇다면 10년의 임기 혹은 6년의 임기 중에는 법원이 보수화되지 않거나 보수화가 덜 되는 것일까? 임기를 15년이나 10년 혹은 종신직으로 하면 보수화가 되는 것일까? 또한 연임을 허용하고 있는데, 10년의 법관 생활을 하다가 연임하면 보수화되지 않는 것일까? 15년 혹은 20년의 임기를 단임하는 경우와 10년 임기를 연임하는 경우, 전자가 법관과 사법부를 더 보수화하는 것일까? 사실 법관의 보수화는 임기의 연한이나 연임 여부에 상관없다. 대부분의 사람들이 나이가 들면 좀 더 신중해지는 것은 사실이지만, 이것을 보수화라고 부르는 것은 적절하지 않다. 혹은 보수의 개념을 모르고 하는 주장이다.

법관의 신분은 정년에 의해 보장받는다. 법원조직법 제45조 4항에 따라, 일반 법관의 정년은 63세이지만, 대법관은 65세 그리고 대법원장은 70세가 정년이다. 헌법재판소법 제7조에 따르면, 헌법재판소 재판관의 정년은 65세이지만, 재판장은 70세가 정년이다. 이 정년 조항 역시 일반적으로 '계속 재임함으로써 오는 사법의 노쇠화를 막기 위하여 정년제를 채택'[61]한 것이라고 한다. 그러나 이 설명 역시 부적절하고 비논리적이다. 일반법관은 63세를 넘으면 노쇠하지만, 대법원장은 70세를 넘어야만 노쇠하는 것일까? 헌법재판소 재판관은 65세에 노쇠해지지만, 재판장은 70세가 넘어야 노쇠해지는 것일까? 대법원이든 헌법재판소에서 대법관이나 재판관의 평균 연령은 50대 초반인데 대법원장이나 재판장의 나이가 72세라면, 그 법원은 노쇠한 것일까?

더욱이 법관의 임기와 정년은 오늘날 우리 현실과 맞지 않는다. 우리나라의 남자 기대수명은 76.5세, 여자는 83.3세이다 (2009년 기준). 1998년에 비해 남자의 기대수명은 5.4년, 여자는 4.8년이 각각 증가했고, 그 속도도 빠르다. 또한 특정 연령의 사람이 앞으로 더 살 것으로 예상되는 기대여명(期待餘命)은 30대 남자의 경우 47.5년, 30대 여자는 54.1년, 그리고 40대 남자는 37.9년, 여자는 44.4년이다. 헌법에서 규정한 임기는 개정에 의하지 않고는 변경할 수 없지만, 법률에 의한 임기와 정년은 개정할 필요가 있다. 우리 사회는 고령사회로 진입하고 있고 고령인구의 적극적인 활용이 중요한 사회적 의제로 등장하고 있기 때문에 정년에 대한 법률개정이 시급하다.

법관의 임기제와 정년제는 법관의 보수화나 사법의 노쇠화와는 거의 무관하다. 1년이 지나면 한 살 더 나이가 드는 것은 사실이며, 절대적 시간의 관점에서 보면 물론 그렇다. 그러나 보수화와 노쇠화의 문제는 이런 절대적 시간의 개념이 아니다. 더욱이 사법의 보수화나 노쇠화는 개별적 개념이 아니라 사회적·집단적 개념이다. 그런데도 "우리나라는 사법의 보수화를 막기 위해 임기제를 채택하고 있다."[62]라고 주장한다.

이러한 논리대로라면, 미국의 모든 연방법원 판사들은 종신직이므로 법원과 사법부가 보수화되는 경향을 보일 것이다. 그러나 그렇지 않다. 시대가 변화하듯, 법원도 진보와 보수를 오고 간다. 대표적으로 1950년대와 1960년대에 얼 워렌(Earl Warren) 대법원장이 이끌었던 연방대법원은 매우 진보적이었다. 워렌의 연방대법원은 흑백분리원칙을 개혁하는 판례를 제시했고 다양한 사회분야에서 인권과 자유를 크게 신장시켰다. 물론 역사적으로 보면, 연방대법원이 보수적인 경향이 더 많았던 것은 사실이지만, 대법관들이 나이가 많거나 특정 나이에 접어들었기 때문에 보수적이었던 것은 아니다.

일반적으로 연방대법원의 정치적 성향은 연방대법관을 지명하는 대통령의 정치적 성향의 역사적 총합이다. 보수적 성향의 대통령은 보수적 성향의 대법관을 임명하고, 진보적 성향의 대통령은 진보적 성향의 대법관을 임명할 것이다. 2009년 5월에 오바마 대통령이 여성으로서는 세 번째이며 히스패닉계로는 최초로 진보 성향의 연방항소법원 판사 소냐 소토마요르(Sonia Sotomayor)를 연방대법관으로 지명한 것은 그리 놀라운 일이 아니다.

여기에서 중요한 변수는 연방 상원의 구성이다. 만약 연방 상원이 여대야소라면 대통령의 의지가 쉽게 실현되겠지만, 연방 상원이 여소야대라면 대통령의 지명은 쉽게 관철되지 않는다. 예를 들면 소토마요르는 1997년 빌 클린턴 대통령에 의해 연방고등법원 판사에 임명될 때 상원 인준 과정에서 공화당으로부터 거센 반발을 받았다. 하지만 2009년 여대야소의 상원에서 68대 31의 표결로 어렵지 않게 상원의 인준을 받았다. 모든 민주당 상원의원과 9명의 공화당 상원의원이 그의 인준에 동의했다. 물론 우리나라와 달리, 정당 충성도가 그렇게 강력하지 않으므로 상원의원에 대한 개인별 설득도 큰 요인으로 작용한다. 그런데도 대체로 대통령의 정치적 성향은 임명 과정에서 크게 반영된다.

우리의 경우도 마찬가지다. 노무현 대통령은 자신의 정치철학과 이념에 맞는 대법관과 헌법재판소 재판관을 임명하려고 노력했다. 그 결과, 진보 성향의 김영란, 박시환, 김지형 대법관이 대법원에 그리고 송두환 재판관이 헌법재판소에 진입했다. 그러나 여소야대의 국회 상황에서, 노무현 대통령의 의지가 처음부터 끝까지 관철될 수는 없었다. 전효숙 헌법재판소장 지명자는 결국 낙마의 고배를 마셔야 했다. 보수 성향의 대법관과 재판관이 대법원과 헌법재판소를 채웠다. 여소야대의 상황 때문에, 결국 사법부를 장악하는 데 실패했던 것이다.

이명박 대통령도 노무현 대통령과 다를 바 없다. 이명박 대통령은 당연히 보수 성향의 인물들을 지명하고 있고, 실질적 여대야소의 정치 여건 속에서 그의 의지는 거의 대체로 관철될 것이다. 이용훈 대법원장 후임으로 양승태 전 대법관을 지명한 것도 사법부 보수화 기획의 일부일 뿐이다. 전관예우의 비난으로부터 자유로운 양승태 전 대법관은 인권과 여성 문제에 진보적이지만 사회문제와 대북문제에 뚜렷한 보수적 성향을 지닌 인물이다. 당연히 보수적인 대법원장은 보수적인 다른 대법관을 천거할 것이고 보수적인 법관들을 중용하게 될 것이다. 그렇게 되면 대법원은 완전히 그의 수중에 들어갈 것이다.[63] 헌법재판소는 노무현 대통령이 임명했던 송두환 재판관을 제외하고 친이명박 인물들로 채워질 것이다.[64] 노무현 대통령이 임명했던 이용훈 대법원장이 추천한 김종대 대법관과 민형기 대법관의 자리도, 이명박 대통령이 임명할 신임 대법원장에 의해 친이명박 인물로 채워질 것이다. 그러면 사법부에 보수화 쓰나미가 몰아칠지도 모른다. 만약 2012년 대선에서 진보 성향 대통령이 당선된다면, 사법부와 행정부의 관계는 상당한 위기에 처할 수도 있다.

물론 임명 당시에 평가된 대법관의 정치적 성향이 임기 중에 항상 그대로 유지되는 것은 아니다. 미국은 대통령의 정치적 성향과 달리 대법관이 임명된 후에 자신의 정치적 성향을 바꾼 경우가 종종 있다. 대표적인 예가 얼 워렌이다. 당시 아이젠하워(Dwight Eisenhower) 대통령은 공화당 출신으로 보수적 인물이었다. 그는 캘리포니아 주지사를 역임한 공화당원인 얼 워렌을 신임 연방대법원장으로 임명하기로 결정했다. 이 결정에 중요한 요인은 무엇보다도 워렌의 중도보수적 성향이었다. 워렌은 제2차 세계대전 중에 반역 가능성을 고려하여 재미 일본인과 심지어는 미국 시민권자인 일본계 미국인을 태평양 해안가인 캘리포니아 주에서 네바다 주 등의 내륙으로 강제 이주시키는 정책을 지지했던 보수적 인물로 정평이 나 있었다. 그러나 워렌은 대법원장에 임명되자마자 맡게 된 사건에서 진보적 판결을 내렸다. 그뿐만 아니라 그는 다른 보수적인 대법관을 설득하여 만장일치의 판결을 이끌어 냈다. 그 판결이 다름 아닌 교육 분야에서 흑백분리원칙을 위헌으로 판결한 1954년의 브라운 대 교육위원회 사건(Brown v. Board of Education)이다.[65] 이 판결로 거의 1세기 가깝게 고수되어 온 흑백분리의 관행이 여러 사회 분야에서 무너졌다. 아이젠하워 대통령은 워렌을 선택한 일을 두고 "내가 저지른 가장 중대한 어리석은 실수"라고 탄식하기까지 했다.

워렌의 '배신'은 극히 예외적인 현상은 아니다. 낙태권을 헌법적 권리로 인정한 로우 대 웨이드 사건(Roe v. Wade)에서 다수의견을 작성한 해리 블랙먼(Harry Blackmun)이나 데이비드 수터(David Souter)도 자신을 임명한 대통령을 '배신'한 대법관이다. 이러한 배신의 이면에는 '정의의 화신(化身)'이 되고 싶은 욕망이 있다. 종신직인 대법관이 되는 순간, 마치 정의의 여신처럼 기존의 정치사회적인 이해관계로부터 초연할 수 있고, 또 이를 통해 역사에 영원히 남고자 하는 것이다.

우리나라도 대법관이든 헌재 재판관이든 임명 당시 평가된 정치적 성향에 따라 그대로 판결하는 것은 아니다. 노무현 대통령 시절 "대법원장과 여야 합의로 임명된 이공현·민형기·목영준 재판관은 임명 당시 중도로 분류됐지만 현재는 보수 성향이 강한 것으로 평가받고 있다."[66] 또한 노무현 대통령이 지명하여 인준을 받은 이강국 헌재소장과 김희옥 전 재판관 역시 보수적 성향을 보여 준다. 여소야대의 정치상황 속에서 대통령은 만능적인 제왕이 아니다.

법관과 사법의 보수화 문제는 나이의 문제라기보다는 정치상황의 문제다. 대통령의 정치적 성향, 입법부(미국의 경우 상원)의 정치세력 상황, 대법관(혹은 헌재 재판관)의 개인적인 성향과 역사에 대한 욕망, 그리고 대법관(혹은 헌재 재판관) 간의 관계들. 이러한 여러 요인들이 혼합되어 대법원(혹은 헌법재판소)의 성향이 결정되는 것이다. 법관의 임기와 정년은 법원의 보수화와 노쇠화와 별다른 관련성이 없다. 미국 최초의 여성 대법관 샌드라 데이 오코너(Sandra Day O'Connor)가 건강상의 이유로 퇴임했던 경우를 고려한다면, 사법부가 노쇠할 경우도 있긴 하겠지만 말이다.

그렇다면 법관의 임기와 정년은 왜 이러한 방식으로 되어 있을까? 일반적으로, 헌법 및 법률에 보장된 임기 동안 법관의 신분을 보장하기 위해서이다. 법관의 재판상 독립을 위한 신분보장이라는 관점에서 보면, 법관의 임기 보장은 실질적으로 큰 의미가 없다. 법관 임관 이후 수년간(사법연수원 교육을 포함하여 5년 미만)은 법적으로 단독판사로서 역할을 수행할 수 없다(법원조직법 제42조 3항). 대체로 단독판사로서 역할을 제대로 수행할 수 있는 것은 첫 10년이 지난 후다. 최근 대법원이 형사 단독판사의 자격을 현행 '5년 이상'에서 '10년 이상'으로 상향 조정하는 것을 검토한 이유도 마찬가지다. 그러나 법관으로 연임한 이후 대부분의 판사들은 20년을 맞기 이전에 퇴임한다. 현실적으로 법관 임기보장은 법관 생애 가운데 단 한 번 시행될 뿐이다. 즉, 현재 법관임기제는 사문화된 상태다. 더욱이 신영철 당시 서울중앙지방법원장의 이메일 사태에서 엿볼 수 있는 것처럼, 일반 판사들은 서열위계질서 속에서 상부의 지시나 의견에 상당히 위축되어 있다.

법관의 임기제는 무능력하거나 부패한 법관을 재임용에서 탈락시켜 사법부의 건전성과 청렴성을 확보하기 위해서라고 한다.[67] 그러나 실제로 법관 10년째 임기를 마치면서 근무성적을 평가하여 부적격자나 무능력자를 발견하여 퇴임시켰다는 사례는 전혀 들어 본 적이 없다. 만약 사법부에 부적격자나 무능력자 법관이 있다면, 10년이 지나기 전에 이미 내부적으로 징계 등을 통해 이미 '조용하게' 조치했을 것이다.

실질적으로 법관의 임기제는 법관의 신분상 독립을 보장하기 위해서라기보다는 사법부 내부의 권위주의적 통제기제로 작동한다. 임명권자이며 보직권자인 대법원장과 각급 법원장의 권력은 일방적인 근무성적평정제도와 더불어 법관의 임기제를 통해 상명하복의 구조와 문화를 형성한다. 임기제와 보직제도를 통해 대법원장의 의견은 명령으로 하달되고, 수직적 위계질서 속에 법관들은 일사불란하게 움직인다. 신영철 당시 법원장의 이메일을 보면, 법원은 '일사불란한 기관이 아니라는 것을 보여 주기 위해서[라]도'[68] 일사불란하지 않은 모양(다양한 판결)을 일사불란하게 보여 주고자 한다.

법관의 임기제와 마찬가지로, 법관의 정년제도도 나이의 서열에 의한 사법부의 권력구조를 재생산하고 강화시켜 주는 권위주의적 표상기제로 작동한다. 법관의 정년제도 이면에는 대법원에서는 대법원장이, 헌법재판소에서는 헌법재판소장이 마땅히 나이가 많은, 그래서 당연히 연륜이 많이 있는 것으로 간주되는 '어른'이어야 한다는 도덕론이 깔려 있다.

대법원장 혹은 헌법재판소장이라고 해서 당연히 나이가 더 많아야 하는 것은 아니다. 대통령도 연령순으로 당선되지 않는다. 존 로버츠(John G. Roberts, Jr.)는 2005년 9월 미국 연방대법원장에 취임했다. 그의 나이 50세였다. 대법원과 헌법재판소가 전문성과 능력 중심의 기관이 될 때, 연령과 직위에 의한 외압 없이 법관이 재판상 독립성을 유지하고 법관의 신분을 보장받을 수 있는 것이다. 사법연수원 기수가 법관 임용과 승진이 주요 기준이 되는 사법부 안에서는 법관의 신분상 독립이 제대로 보장받을 수 없다. 이와 같은 맥락에서 예를 들면 "조직의 발전과 후배의 앞길을 위해 용퇴(勇退)한다."라는 식의 퇴임 문화는 사라져야 할 문화다.

그런데 미국에는 종신직의 법관뿐 아니라 임기제의 선출직 법관이 있다. 이들은 연방법원의 법관이 아니라 주 법원의 법관이다. 거의 대부분의 주 법관은 종신직이 아니라 오히려 임기직으로 선출된다. 사실 법관선출제도는 식민지 시대에 존재하지는 않았지만 독립 직후부터 미국의 몇몇 지역에서 실시되어 온 사법제도다. 대표적으로 버몬트 주에서는 1777년 이래 하급심 판사들을 선거에 의해 선출하였으며, 조지아 주도 1812년부터 법관선거제도를 실시하고 있다. 말하자면 법관선거제도는 미국에서 익숙한 오래된 사법제도이다.

법관선거제도는 1830년대 '보통사람의 시대'에 들어오면서 미국 전역으로 확산된 제도로, 사법부의 책임성 강화라는 목적을 가지고 추진되었다. 엘리트 중심의 사법부를 법관선거제도를 통해 개혁함으로써 주권자인 국민에 대해 더 많은 책임을 지는 국가기관으로 만들었던 것이다. 달리 표현하면, 법관선거제도가 직접적으로 사법권의 독립성 강화에 기여했다고 보기 어렵다. 법관선거제도는 외연적으로 사법권 독립에 부정적으로 작용한 것이 사실이다. 하지만 법관 지위의 근거가 사법부의 '윗사람'이 아니기 때문에 내면적으로는 법관 개인의 독립에 기여하고 있는 바를 부정할 수 없다. 법관 선거를 통해 법관 개인이 갖는 사법권력의 민주성이 강화됨으로써 사법부 구조 안에서 그만큼 독립성을 유지하는 데 기여했다고 할 수 있기 때문이다.

미국에서 사법권의 책임성과 민주성을 강화했던 역사적 경로는 현재 우리에게 직간접적으로 시사하는 바가 크다. 첫째 단계는 영국 식민지 시대다. 식민지 시대에 미국은 영국의 사법제도에 따라 법관의 신분적 독립이 유지되었다. 오랜 전통에 따라, 아메리카 식민지의 법관들은 영국 국왕의 의향에 따라 법관직을 유지할 수 있었고, 식민지의 주권자이며 해당 법관을 임용했던 국왕이 사망하면 임기가 종료되었다. 식민지의 법관직은 국왕이 하사하는 일종의 은사였고, 국왕에 대한 식민지 법관의 종속은 당연시되었다. 명예혁명 이후 1701년에 이르러 왕위계승법에 의해, 법관들은 성실히 직무를 수행하는 한 법관직을 유지할 수 있게 되었다. 법관 해임과 법관의 급료 결정은 의회 양원의 승인을 받도록 했다. 이러한 법관의 신분상 보장은 국왕의 자의적 권력으로부터 법관을 분리하여 독립시키고자 한 영국 의회의 승리였다. 이는 사법부의 장악을 통해 행정부의 권력 집중화를 입법으로 금지시키는 동시에 입법부의 권력을 강화시키려는 정치적 전략의 결과였다. 이러한 사법권의 독립에 관한 영국의 헌정 이념은 다른 혁명 이념과 더불어 아메리카 식민지에도 이식되었다.

둘째 단계는 영국으로부터 독립하는 미국 혁명의 단계다. 영국 식민지에서는 여전히 법관의 운명은 국왕의 시혜(施惠)에 종속되어 있었으며, 아메리카 식민지인들은 이를 자신들의 '영국

인으로서의 태곳적 권리'를 침해하는 것으로 받아들였다.[69] 따라서 독립선언서에서, 식민지인들은 법관의 임기와 급료를 국왕의 자의적 의향에 따라 통제하는 불만을 토로하면서 영국 국왕 조지 3세(George III)를 비난했다. 따라서 아메리카의 주(states)는 법관 임명의 권한을 행정부의 권력보다는 입법부의 권력 아래 둠으로써 권력의 집중이 발생하지 않도록 노력했다. 그러나 모든 주가 법관직을 종신직으로 생각했던 것은 아니다. 버몬트 주는 1777년 법관선거제도를 도입했다. 또한 임기제를 도입하여 사법부를 입법부의 영향 아래에 두려고 하였다.

따라서 1787년 필라델피아 제헌회의에서 헌법제정자는 연방법관의 임명 주체와 임기에 대한 논란을 피해 갈 수 없었다. 조지 메이슨(George Mason)과 올리버 엘스워스(Oliver Ellsworth) 등은 의회의 법관 임명을 주장했고, 제임스 매디슨(James Madison), 알렉산더 해밀턴 등은 대통령의 법관 임명을 내세웠다. 다른 중요한 의제가 그러했듯, 결국 이 문제도 타협을 통해 해결되었다. 대통령이 지명하고 입법부(상원)가 인준하는 방식으로 타결되었고, 헌법제정자들은 영국의 법관 종신제를 따라 연방법관도 종신직으로 하기로 결정했다.

사실 우리나라에서도 법관의 종신제를 고려하지 않았던 것은 아니다. 1946년 3월 1일, 행정연구위원회 및 헌법분과위원회가 확정초안한 제1단계 대한민국 헌법초안 제52조에는 '사법관은 종신관임'이라고 규정하고 "형의 선고 징계재판에 의하지 아니하면 기의사에 반하여 면관, 전관, 휴직, 정직 또는 퇴직을

명하지 못함."이라고 하였다.[70] 그러나 유진오의 헌법 초안에는 법관의 임기가 10년으로 변경되어 규정되었다.[71] 대한민국 독립 과정에서 민주성과 평등 그리고 입법부의 권력 강화에 강조점을 두면서, 법관의 종신제가 제헌 논의 밖으로 사라진 것이다.

셋째 단계는 미국 사회가 민주화되면서 사법부의 책임성이 강조되던 19세기 전반기다. 흔히 토머스 제퍼슨(Thomas Jefferson)과 앤드류 잭슨(Andrew Jackson)이 강조한 미국 사회의 민주화는 사법부의 엘리트주의를 비판하면서 전국적으로 사법부의 책임을 강조하는 사법개혁을 몰고 왔다. 그 결과 중 하나는 법관선거제도의 적극적인 도입이었다. 1832년에는 미시시피 주가 미국 역사상 최초로 모든 법관을 정파적 선거(partisan election)로 선출하는 사법개혁을 단행하기도 했다. 그리고 미국내전(Civil War) 때까지, 모든 법관은 아니더라도 법관을 선거로 선출하는 주는 34개 주 가운데 21개 주로 증가했다.[72] 그리고 1846년에서 1912년 사이에 연방에 가입한 모든 주는 부분적으로라도 법관선거제도를 채택했다. 이 과정에서 법관에 대한 국민적 신뢰는 상당히 높아졌다.[73]

우리나라에서 지금까지 사법권의 독립보다 사법권의 책임을 강조한 인물들은 거의 대부분 진보적 인사들로서, 사법 파동을 이끌었거나 사법개혁을 통해 정치의 민주화를 사법의 민주화로 끌어들이려고 노력했다. 2010년에는 강기갑 의원의 1심판결과 MBC 〈PD수첩〉 1심판결로 인해 보수 정치인이나 보수단체들이 국민의 정서와 상식에 맞는 판결을 요구하는 한편 국민에 대해 책임을 지는 사법부를 요청하면서 법관인사제도 등에서 개혁을 요구했다. 역설적이게도 이번 사법개혁이 단기적으로 보수집단의 이해관계를 대변한다고 하더라도 장기적으로는 진보집단의 이념을 실현하는 데 기여할 것이다.

넷째 단계는 정파적 법관선거제도가 부패하면서, 비정파적 선거를 통한 법관 선출을 도모하는 개혁의 시대다. 정파적 선거제도를 시행하게 되자, 특정 이익집단에 의해 부패하고 무능한 인물들이 정당의 연줄과 지원 아래 법관에 임명되었다. 법관은 유권자의 표에 민감한 정치인과 다름없었고, 법원은 정치투쟁의 장이 되었다. 사법의 정치화는 사법권의 독립을 무시한 채 사법권의 책임성만 지나치게 강조한 결과였다. 정치권에서 법관을 구출하기 위한 개혁이 시작되었다. 1927년 일리노이 주의 쿡 카운티에서 처음으로 비정파적 선거로 법관을 선출했다. 후보자는 아무런 정당관계를 표명할 필요가 없었으나 여전히 진흙탕 속에서 치열한 선거전을 치러야 했다.

다섯째 단계는 사법의 정치화를 최소화하면서 후보자의 공적(功績)에 의해 법관을 선출하는 조정의 시대다. 1914년에 노스웨스튼 법학전문대학원 교수인 앨버트 케일즈(Albert M. Kales)는 사법권의 독립성과 책임성을 절충하는 법관선출제도를 제안했다.[74] 법관추천위원회가 법조계의 공적만을 기준으로 법관 후보자 명단을 작성하면, 해당 주의 대법원장이 이 명단에서 법관을 선정하고, 후에 그 법관들이 비정파적 무경쟁(단독

후보) 선거에 나가서 국민으로부터 연임의 인준을 받는 제도였다. 1926년에 사회과학자인 해롤드 라스키(Harold Laski)는 케일즈의 제안을 변경하여 법관 임명을 주대법원장이 아닌 주지사가 하도록 하는 제안을 제시했다.[75] 이에 1934년, 캘리포니아 주는 최초로 이 제안과 유사한 공적선발제도에 따라 법관을 선출했다. 법관 후보자는 주지사가 선정하되 3인 위원회(주지사, 항소법원의 법관, 그리고 주 법무장관)의 동의를 받도록 했다.

1940년에 미주리 주는 상당히 균형적인 법관선발제도를 채택했다. 이 안에 따르면, 변호사들이 주도하는 7인 추천위원회에서 추천 명단을 제출하면 주지사가 그 피추천인 중에서 지명한다. 피지명인은 1년 동안 법관으로 근무한 뒤 무경쟁 선거(법관직 유지선거)에서 주의 국민으로부터 인준을 받아야 정규 임기의 법관직을 맡게 되며, 정규 임기가 종료되면 비정파적 무경쟁 선거에 입후보하여 재인준을 받아야 한다. 만약 과반수의 지지를 받지 못하면, 피지명인(혹은 현직법관)은 법관직에서 해임되며 선발제도는 원점으로 되돌아간다.

이후 많은 주들이 미주리 법관선발제도를 부분적으로 혹은 전체적으로 채택하여 현재까지도 운영하고 있다. 일반적으로 미주리 주 선발제도 때문에 '지성, 성실성, 법적 능력, 성과의 질이라는 관점에서, 사법부의 일반적 수준'[76]이 향상되었다고 평가된다. 물론 미주리 법관선발제도에 대한 비판이 전혀 없는 것은 아니다. 보수파는 지나치게 사법권의 책임성을 묻는 과도한 민주주의에 대해 비판하고, 진보파는 법관 선발 과정에서 사회구성원의 다양성이 제대로 대표되지 않는다고 비판한다. 대체로 우호적인 평가를 받고 있지만, 재판 과정과 판결에서 법관이 주민의 정서를 상당히 고려하기 때문에 사법권의 독립이 많이 침해된다는 비판이 있는 것도 사실이다.

우리가 사법부를 개혁하여 추진하기로 한 법조일원화 정책은 미국 법조계가 직면했던 문제에 똑같이 봉착할 것이다. 분명 법조일원화로 미숙한 법관 임용을 예방하는 데에는 긍정적인 효과가 있다. 그러나 누가 법조경력자 가운데 어떤 인물을 어떤 선정 과정을 통해 임용할 것인가? 앞으로 이 문제는 법조경력자의 뚜렷한 정치적 이해관계 때문에 매우 첨예한 정치적 논쟁거리가 될 것이다. 법관의 보수가 상대적으로 적고 법관직이 종신이 아닌 이상, 무능한 변호사들이 경력법관의 자리를 피난처로 혹은 연줄을 구축하는 자리로 활용할 것이며, 그러면 상황은 더 복잡해질 것이다. 또한, 지금까지 사법시험과 사법연수원을 통해 선발한 법관을 어떤 방식으로 평가하여 연임시킬 것인가라는 쟁점도 그리 쉽게 해결될 문제가 아니다. 이 문제들을 논의하는 데 있어, 사법부의 민주성을 강화하는 것만이 대수가 아니다. 사법부의 전문성과 비정파성뿐만 아니라 사법부의 독립성에도 각별히 관심을 기울여야 한다.

법원의 독립

법관의 신분상 독립과 더불어 법관의 재판상 독립을 실질적으로 보장하는 또 하나의 제도는 법원의 독립 혹은 사법부의 독립이다. 사법부의 독립은 입법부와 행정부에서 독립하는 것을 의미한다. 현행헌법 제101조에서는 "사법권은 법관으로 구성된 법원에 속한다."라고 규정하고 있다. 위에서 미국의 사법권 독립의 발전을 설명한 바와 같이, 사법권의 독립은 군주(즉, 행정부)로부터의 독립에서 시작되었다.

그러나 "사법권의 독립은 행정권으로부터의 독립이 그 본질적 요소다."[77]라고 말하기에는 부족하다. 1701년에 영국의 왕위계승법에서 법관은 성실히 직무를 수행하는 한 법관직을 유지할 수 있게 됨으로써 법관의 신분상 보장이 이루어졌다. 그러나 영국은 명확히 삼권이 분립되어 있는 상태가 아니다. 상원은 일종의 법원으로 기능한다. 말하자면 행정권 대 (사법권을 포함하는) 입법권의 갈등 혹은 국왕 대 귀족의 대립을 통해 영국 헌정사가 발전한 것이라 할 수 있다.

권력분립이론을 통해 사법권의 개별성을 강조하고 사법권의 입법권과 행정권으로부터의 분리를 강조한 것은 몽테스키외에 이르러서였다. 그는 『법의 정신(The Spirit of Laws)』에서 "재판권이 입법권과 행정권에서 분리되어 있지 않으면 자유는 존재하지 않는다. 만약 재판권이 입법권과 결합되면 시민의 생명과 자유에 대한 권력의 사용이 자의적이 될 것이다. 왜냐하면 재판관이 입법자로 될 것이기 때문이다. 만약 재판권이 행정권과 결합되면 재판권은 독재자의 힘을 가질 수 있을 것이다."[78]라고 경고했다.

그러나 몽테스키외의 삼권분립이론은 입법부 및 행정부와 독립하여 존재하는 국가기관으로서의 사법부의 존재를 염두에 둔 것은 아니었다. 그는 사법권이 특정 신분이나 특정 직업에 상시적으로 결부되는 헌정구조를 바람직하게 보지 않았으므로 사법부를 상설기관으로 설치하는 것을 거부했다. 그는 해마다 일정한 시기에 법률에 정하는 절차에 따라 선출된 사람들로 법정을 구성하는 유연한 방식의 사법부를 제안했다.

몽테스키외의 경고처럼, 사법권의 독립은 행정권과 동시에 입법권으로부터의 독립을 본질적 요소로 삼는다. 만약 사법권이 다른 하나의 국가권력과 결합되면 독재 권력이 창출되는 메

커니즘 때문이다. 더욱이 현행헌법 제52조에 규정되어 있는 것처럼, 행정부가 행정권뿐만 아니라 법률안제출권을 가지고 있는 독재적 요소가 농후한 헌정구조 아래에서는 입법부와 행정부로부터 사법부의 독립이 국민의 자유와 권리를 보호하는 데 극도로 중요한 역할을 한다.

권력분리의 원칙과 견제·균형의 원리에 의거하여, 사법부와 행정부는 서로 견제할 수 있는 권력을 가지고 있다. 대통령은 사법부 예산편성권과 사면권(일반 사면권과 특별 사면권)을 가지고 있으며, 국회와 함께 대법원장과 대법관에 대한 임명권을 가지고 있다. 이에 대해 사법부는 행정부에 대하여 행정처분이나 명령·규칙·처분에 대하여 행정재판권과 위헌명령심사권을 가지고 있으며, 입법부에 대하여 위헌법률심사재청권(헌법재판소의 경우, 위헌법률심사권)을 가지고 있다.

사법부의 민주성과 책임성을 확보하기 위해 입법부는 이론상 사법부에 대해 행정부보다 훨씬 더 강력한 견제권력을 가지고 있다. 입법부는 사법부에 대한 국정조사권 및 국정감사권을 가지고 있으며, 대법원장과 대법관에 대한 임명동의권, 사법부 예산심의 및 확정권, 법관 탄핵소추권을 가지고 있다. 또한 현행헌법은 법률로써 법관의 자격(제101조 제3항)과 정년(제105조 제4항)을 정하고 대법원과 각급법원을 조직하며(제102조 제3항) 대법원에 대법관이 아닌 법관을 둘 수 있고(제102조 제2항) 대법원장, 대법관, 대법원의 법관의 연임을 정할 수 있다(제105조 제2·3항). 이러한 법정주의에는 사법부에 대한 입법부와 행정부의 태도에 따라 사법부의 독립이 침해될 가능성이 많이 내포되어 있다.

위에서 지적한 바와 같이, 행정부는 법률안제출권을 가지고 있으므로 현실적으로 언제나 입법부를 통해 사법부를 통제하거나 간섭할 수 있다. 현행헌법을 피상적으로 검토하면 사법부가 행정부로부터 상당히 독립되어 있는 것처럼 보이지만, 실제로 입법부가 여대야소라면 행정부는 언제나 사법부에 간섭할 수 있는 헌정구조이다. 현실적으로 현행헌법은 행정부가 사법부를 포함한 삼권을 실질적으로 장악할 수 있는, 독재적 요소가 매우 강한 헌법이다.

미국 헌법은 우리 헌법과 달리 행정부(대통령)가 법률안제출권을 가지고 있지 않다. 그런데도 행정부(대통령)가 추진하던 정책이 사법부에 의해 차단되자 사법부에 대해 보복 성격의 개혁을 감행한 역사적 사례가 있다. 법률안제출권도 없는 행정부(대통령)가 사법부에 대해 얼마나 강력하게 사법권의 독립성을 위협할 수 있는지 살펴볼 수 있는 좋은 기회이다.

그 대표적인 사례가 프랭클린 루스벨트의 사법개혁이다. 1929년에 시작된 대공황으로 신음하던 미국은 1933년 3월 루스벨트의 대통령 취임과 더불어 경제회생에 대한 희망을 품기 시작했다. 루스벨트는 취임 후 100일 동안 뉴딜이라고 불린 많은 개혁 입법을 추진했다. 연방의회는 거의 무비판적으로 개혁 입법을 통과시켰고, 뉴딜은 빠른 속도로 사회 각 분야에서 추진되었다. 그러나 1935년에 들어와 연방대법원은 뉴딜의 대표적인 개혁 입법에 대해 위헌판결을 내리기 시작했다.

충격에 휩싸인 루스벨트는 1936년 11월 대통령선거전에서 재선에 성공하자, 연방대법원에 보복을 감행하기로 결심했다. 당시 대법원은 성향별로 보수파 대법관 4명과 진보파 3명, 그리고 중도파 대법관 2명으로 구성되었다. 그러므로 중도파 대법관 가운데 1명이라도 보수진영으로 기울어지면 과반수를 차지하므로 쉽게 보수적 성향의 판결이 나올 수 있었다. 1937년 2월, 루스벨트는 법무장관 호머 커밍스(Homer S. Cummings)를 통해 비밀리에 마련한 사법부 구조개혁안을 의회에 제출했다. 명목상 사법부 구조개혁안이 과중한 소송사건 부담을 덜어 공정하고 신속한 재판을 하기 위한 것이라고 내세웠다. 이 개혁안은 연방대법원과 연방법원의 법관 수를 확대하고 연방대법원에 행정지원인력을 배정하며, 위헌판결을 내리는 경우 연방법무장관에게 사전에 통보할 것 등에 관한 내용을 담았다.

사법부 구조개혁안의 가장 핵심적인 실질 내용은 보수적인 대법관들을 축출하는 것이었다. 나이가 70세 이상이거나 70세에 도달한 연방판사가 자발적으로 사임하지 않으면 해당 법관의 숫자만큼 법관을 증원 임명할 수 있도록 했다. 법관증원에는 연방대법원뿐 아니라 연방하급법원도 해당되었다. 연방판사직은 헌법에 의해 종신을 보장받고 있으므로 강제적인 법관해임은 위헌이다. 그러나 헌법은 연방하급법원뿐 아니라 연방대법원 대법관의 구체적인 수를 규정하고 있지 않기 때문에, 대법관의 수를 확대하여 진보적인 인사를 임명함으로써 진보세력에 우호적인 대법원 판결을 이끌어낸다는 속셈이었다. 70세 이상의 대법관들이 자발적으로 사임하지 않는다면, 9명으로 구성된 연방대법원에 최대 6명을 추가로 임명하여 15명까지 확대하는 것이 사법개혁안의 핵심이었다.

사법부 구조개혁안이 연방의회에서 논의되고 있는 가운데, 1937년 3월 연방대법원은 루스벨트와 뉴딜에 우호적인 판결을 내렸다. 중도 입장을 취하고 있던 오웬 로버츠(Owen Roberts) 대법관이 사법부 구조개혁의 위협에 부담감을 느끼고 입장을 바꾼 결과였다. 그리고 5월에는 갑자기 윌리스 밴 디밴터(Willis Van Devanter) 대법관이 사임했다. 이로써 사법부 구조개혁안의 입법화 성공 여부와 상관없이 뉴딜에 우호적인 연방대법원이 구성되었다. 사법권의 독립성 침해 문제로 국민의 반발이 점차 심해지자, 루스벨트 대통령이 정치적 부담을 심각하게 느끼고 있는 와중이었다. 로버츠 대법관의 입장 변경과 디밴터 대법관의 사임으로 골칫거리는 자연스럽게 해결되었다. 그러나 사법부 구조개혁안은 루스벨트의 뜻대로 입법화되지 못했다. 그가 후에 술회했던 것처럼, 전투에서는 패배했지만 전쟁에서는 승리했던 것이다. 그러나 "그가 제안한 사법개혁안이 통과되었으면 민주주의의 이름으로 민주주의가 파괴될 수 있었다."[79] 언제든지 대통령이나 입법부가 원한다면, 대법관의 수를 변경할 수 있다는 사악한 선례가 세워졌을 것이기 때문이다.

루스벨트의 사법개혁안은 사법부가 얼마나 미약한 기관인지 보여 준다. 이와 동시에 국민의 소리를 경청하지 않은 연방대법원의 무관심과 독선이 어떤 정치적 파장을 초래하는지를 보여 준다. 연방대법원은 사법권의 독립과 권력분립, 그리고 재산권과 사회정의에 대한 자신들의 신념에만 몰입해서 국민에 대한 사법권의 책임을 백안시했다. 경제공황으로 초토화된 국민의 삶과 자본주의의 시대적 한계를 철저히 외면했다. 이런 면에서 사법부는 국민에 대해 '사법부의 독립'만 외쳐 댈 것이 아니라 '국민에 대한 사법부의 책임'을 어떻게 구현할 것인지 진지하고 적극적으로 항상 생각해야 한다.

행정부가 주도한 입법에 의해 사법개혁이 추진된 것은 루스벨트 대통령 때만 있었던 것은 아니다. 건국 초기부터 사법부의 독립을 무시하고 정치권력을 확대하려는 시도가 있었다. 또 다른 대표적인 예는 1800년 대통령 선거전의 결과에 따른 1801년 법원조직법의 입법화였다. 1800년 선거전에서 민주공화파를 대표하는 토머스 제퍼슨이 대통령에 당선되고 민주공화파가 연방의회를 장악했다.[80] 제퍼슨은 후에 1800년 선거전을 '1800년의 혁명'이라고 술회했는데, 이는 미국 역사에서 최초로 평화적 정권 교체가 이뤄졌기 때문이다.

당시 미국 대통령은 존 애덤스(John Admas)로 연방파 인물이었다. 그는 1800년 선거전의 결과로 행정부와 입법부가 모두 민주공화파로 넘어가게 되자 사법부라도 연방파의 수중에 두고자 '1789년의 법원조직법'을 무리하게 추진했다. 애덤스 대통령은 연방대법관 중에서 건강 등 개인적 이유로 곧 사임할 것이 분명한 1명의 자리를 없애기로 했다. 당시 연방대법원은 6명으로 구성되었는데, 애덤스는 앞으로 대법관직에 공석이 생기면 결원을 충원하지 않는 방식, 즉 5명으로 축소하는 방식을 선택했다. 이는 제퍼슨이 행사할 것이 분명한 대법관 임명권을 사전에 차단하는 정치적 술수였다.

또한 애덤스 대통령은 연방항소법원에 해당하는 연방순회법원(Circuit Court)의 수를 확대하여 연방판사의 수를 확대하고자 했다. 당시 연방순회법원은 연방대법관 1명이 자신에게 할당된 일정지역을 순회하면서 2명의 연방지방법원 판사와 함께 합의부를 구성하여 재판하는 방식의 항소심으로 운영되고 있었다. 교통시설도 척박한 시절에 연방대법관들은 엄청난 거리의 지역을 순회해야 하는 어려움과 고통을 호소하고 있었기 때문에, 연방순회법원 개혁은 전혀 현실적 필요성이 없었던 것은 아니다. 그의 개혁으로 연방순회법원에는 기존의 3명과 더불어 연방순회법원에만 종사하는 3명의 새로운 판사가 임명될 것이었다. 또한 연방지방법원도 새롭게 조직되어 10개의 법원이 추가로 설치될 것이었다.

애덤스 대통령의 사법개혁은 현실적 필요성이 전혀 없었던 것이 아니지만 여러 민감한 정치적 문제를 야기했다. 우선 1801년 초의 연방의회는 레임덕 의회로서, 이미 1800년 선거 결과로 새로운 연방의회가 구성되었기 때문에 새로운 제도 도입이나 변경 등 무리한 입법 활동은 바람직하지 않았다. 설령 아무런 정략적 이해나 속셈을 가지지 않고 입법을 한다고 하더라도, 쉽게 오해받을 소지가 있었다. 애덤스의 사법개혁은 굳이

1801년에 단행해야 할 긴급성이나 정당성이 없었다.

민주공화파는 신설된 연방법원 법관직에 모두 연방파 인사들이 임명될 것이 너무나도 분명한 정치적 술수에 분노했다. 애덤스 대통령은 레임덕 의회이지만 연방파가 장악하고 있는 의회로부터 서둘러 연방파 신임 법관들의 인준을 받았다. 그러나 선거전의 결과에서 쉽게 볼 수 있는 것처럼, 국민의 지지는 이미 연방파를 떠나 민주공화파에 와 있음이 분명했다. 이 상황에서 연방파 법관을 임명하는 일은 국민의 의사에 반하는 행동이었다. 1800년의 선거전은 평화적 권력 교체의 성격을 가진 것이었으므로, 법관임명에 관한 권력행사는 평화적 권력 교체에 대한 적대행위로 간주되었다.

사법부의 입장에서 보면, 애덤스의 사법개혁이 사법구조의 적절성, 사법행정의 편의성과 판결의 공정성 등을 향상시켜 주는 것이었음은 분명하다. 지방법원과 순회법원에서 법관의 수가 증대되고 대법관의 건강상태를 현저히 향상시킴으로써, 소송이 보다 집중적이며 전문적으로 이루어지며 이에 따라 국민에 대한 사법부의 책임이 더 향상될 수 있을 것이라고 기대하였다. 그런데도 그 의도와 과정에서 애덤스의 사법개혁은 사법부의 독립을 현저히 침해했다. 이와 마찬가지로, 표면적인 이유가 아무리 고상하다고 하더라도 2010년과 2011년의 우리 사법개혁, 특히 대법관의 숫자를 확대하려는 개혁은 사법부의 독립을 현저히 침해하는 것이다.

1801년 법원조직법에 의해 임명된 연방파 판사들은 1801년

2월 말과 3월 초에 법관직 수행을 시작했다. 그러나 의회를 장악한 민주공화파는 1802년 7월에 1801년의 법원조직법을 폐지하고 연방파가 차지했던 모든 법관직을 철폐했다.[81] 정치권력의 갈등 속에서 사법부는 실질적인 목소리를 낼 수 없었다.

애덤스의 사법개혁 속에는 워싱턴 D.C.의 연방법원 구조개혁도 포함되어 있었다. 1801년 3월, 제퍼슨의 대통령 취임이 다가오면서 연방파는 평화적 정권 교체에 따른 여러 업무로 분주했다. 그런데 이 과정에서 사법개혁에 따른 신임 연방법관의 임명장이 실수로 전달되지 않는 불상사가 발생했다. 그리고 제임스 매디슨 신임 국무장관은 법관 임명장을 고의로 전달하지 않았다.

임명장을 받지 못한 연방파 윌리엄 마버리(William Marbury)는 연방대법원에 소송을 제기했다.[82] 이 소송은 연방대법원이 제임스 매디슨 국무장관을 수령자로 하는 직무이행영장을 발급하도록 요구하는 것인데, 이 영장은 수령자에게 어떤 직무를 강제하도록 하는 목적이 있다. 만약 마버리가 승소한다면, 이 영장을 받은 매디슨은 법관임명장을 마버리에게 발송해야만 한다.

연방파였던 존 마셜(John Marshall) 연방대법원장은 진퇴양난에 부딪혔다. 문제가 된 것은 연방대법원에 직무이행영장의 권한을 부여한 1789년의 법원조직법이었다. 원래 이 조항은 사법 판결을 행정관리 등으로 하여금 실행에 옮길 수 있도록 강제하는 영장이 필요하다는 취지로 입법화된 것이었다. 이 조항에 근거하여 마버리가 연방대법원에 직무이행영장의 발급을 요구하는 1심 소송을 제기했다는 데 문제가 있었다. 만약 마셜이 마버리의 손을 들어주면 연방파의 한 사람이 법관직에 오를 것이지만, 1심관할권에 관한 연방의회의 권한을 인정하는 결과를 가져올 것이다. 또 만약 마셜이 매디슨의 손을 들어준다면, 연방파의 법관직을 박탈함으로써 연방파의 정치적 패배를 인정하는 꼴이 되고 만다.

결국 존 마셜은 직무이행영장에 관한 법원조직법 조항을 위헌 판결함으로써 위기를 극복했다. 연방법관직에 대한 마버리의 권리를 인정하면서도, 직무이행영장에 관한 조항이 위헌이므로 연방대법원은 이 영장을 발송할 수 없다는 판결이었다. 연방대법원의 영장 발급이라는 점에서는 마버리가 패배했지만 그의 권리는 인정되었다.

이 사건에서 존 마셜은 연방대법원 역사상 처음으로 연방의회 제정법의 위헌성 여부를 심사하고 위헌으로 판결했다. 첫 위헌판결로, 연방대법원이 위헌법률심사권을 가지고 있음을 분명히 천명했다. 법률의 위헌성을 심사한다는 점에서, 연방대법원은 헌법의 해석에 있어 최종적인 해석권력을 가지고 있음을 또한 분명했다. 그리고 이 최종적 권위로 인해 헌법해석에 있어 연방대법원은 행정부나 입법부에 우월하다는 사실이 자연스럽게 도출되었다. 따라서 헌법해석의 최종적 권위로 인해 연방대법원은 헌법의 최종적 수호자가 되었다.

사법권 독립에 대한 침해로 시작된 사건에서 연방대법원은 사법권의 독립을 넘어 사법부 우월주의를 확립했다. 정치적 이해관계로 추진된 연방법관 수의 확대와 이에 따른 법관임명장 전달 거부, 연방대법원에 대한 직무이행영장의 권한(1심재판관할권 확대) 부여와 이 권한에 대한 연방대법원의 거부. 이 사건의 처음부터 끝까지 사법권의 독립은 매우 미약했다. 입법부와 행정부의 권력 앞에 사법부는 어쩔 수 없이 따라가야만 하는 수동적 존재였다. 그러나 사법부 우월주의를 확립하는 판결로 사법부는 어떤 판결에서보다도 분명하게 사법권 독립의 원칙과 가치를 확고히 했다.

우리 사법부는 그동안 권력의 시녀로서 역할해 왔다. 거의 항상 행정부의 지도 아래 입법부가 제시한 입법을 그대로 순종했다. 헌법을 수호하기보다는 살아 있는 권력을 보호하기에 앞장서 왔다. 위헌법률심사권이 제대로 존중되고 활용된 것은 1987년 현행헌법이 제정된 이후의 일이다. 위헌법률심사권을 가졌던 건국헌법의 헌법위원회나 제2공화국의 헌법재판소, 제3공화국의 대법원, 제4공화국의 헌법위원회, 제5공화국의 헌법위원회 등은 거의 모두 유명무실했다. 사법권의 독립을 보장하고 유지하는 데 가장 중요한 권력인 위헌법률심사권이 모두 유명무실하게 운영되어 왔고 철저하게 외면당했다. 법률의 위헌성 해석에 있어 사법부는 국가최고기관이 아니었다. 사법부의 독립이라는 이데올로기를 통해 사법부의 권력을 강화해 왔지만, 사법부의 독립이 제대로 확립된 것은 아니었다. 사법부의 내적 동력과 성찰로 사법권의 독립을 쟁취하고 확립한 것이 아니라 외부 권력에 자발적으로 의존함으로써 명목상 사법부 독립의 장식을 달았던 것이다. '사법독재'라는 비난을 받을 만큼 현재의 사법부가 강력한 권력을 가지고 있다 하더라도, 그것은 자생적인 권력이 아니다. 따라서 이런 권력은 언제든지 빼앗길 수 있고, 이런 권력은 본질적으로 사법권의 독립과 배치되는 것이다.

마버리 대 매디슨 사건에서 보는 바와 같이, 사법권의 독립은 다른 정부 부서의 협력이나 관용에서 혹은 심지어 헌법의 명시적 조문에서 주어지는 것이 아니라 스스로 쟁취하는 것이다. 행정부(대통령)나 입법부는 사법권의 독립에는 아랑곳하지 않고 필요하다면 언제든지 사법부를 장악하려고 노력한다. 여야라고 해서 크게 달라질 것이 없다. 권력은 항상 절대화를 지향하고, 절대화하려는 권력은 항상 부패의 과정을 밟는다. 그리고 사법부는 권력관계의 네트워크에 이미 항상(already always) 들어가 있다. 문제는 권력의 네트워크에서 어떻게 독립과 책임을 쟁취할 것인가이다.

앞으로의 과제들

 알렉산더 해밀턴은 사법부를 정부 세 부서 가운데 "가장 위험성이 적은 부서다."[83]라고 했다. 행정부(대통령)와 입법부에 비해, 사법부는 권력의지를 집행할 칼(sword)도 없고 지갑(purse)도 없다. 그래서 사법부는 헌법이 보장하는 개인의 자유와 권리에 가장 덜 위협적인 존재다. 사법부는 예산안을 마련해서 직접 제출할 수도 없으며, 결의안을 채택하여 국가정책의 방향을 제시하고 국민을 설득하여 동원할 수도 없다. 또한 사법부는 자신이 결정한 판결을 강제하도록 할 행정력이나 물리력조차 없다.

 따라서 사법권의 독립은 현실 속에서 항상 정치권력의 침해에 노출되어 있다.[84] 입법부와 행정부(대통령)는 언제든지 마음만 먹으면 사법권을 쉽게 유린할 수 있다. 미국 민주주의의 상징으로 알려진 토머스 제퍼슨조차 존 마셜 대법원장과 정쟁에 휩싸이자 법관의 임기를 종신제에서 임기제로 변경해야 한다고 주장할 정도였다.[85] 1830년대 미국의 앤드류 잭슨처럼, "연방대법원이 판결했으니 그들에게 스스로 알아서 시행하라고 해."라고 뒷짐을 지며 외면하면, 사법권은 권력의 반열에조차 서지 못한다. 1801년 법원조직법이나 1937년 법원구조개혁안처럼, 연방의회가 사법부 구조조정을 추진하면, 사법부는 어떤 대응도 하지 못하고 속수무책으로 있어야 한다.

왜 사법부는 이렇게 나약하게 구성된 걸까? 역설적으로 말해서 이는 사법부가 헌법의 최종 수호자이며 개인의 자유와 권리에 대한 최종 수호자이기 때문이다. 쉽게 이해하기 위해 거꾸로 읽어 보자. 최종 수호자인 사법부가 권력을 남용하면 어떻게 될까? 사법부는 누구보다도 쉽게 헌법을 파괴할 수 있으며 개인의 자유와 권리를 폄훼할 수 있다. 헌법을 수호하고 개인의 자유와 권리를 수호하는 마지막 관문이 뚫리고 나면, 그동안 수호했던 노력은 헛수고가 되고 만다. 그래서 사법부를 어떠한 칼이나 지갑도 갖지 못하도록 하여 현실정치(그리고 사건당사자)와의 모든 이해관계로부터 독립시키고자 하는 것이다. 어떠한 정치적 이해관계라도 이를 소거(消去)하거나 혹은 최소화하며, 가능하다면 그 이해관계에서 이탈하여 엄정중립을 지키도록 하여 헌법을 수호하고 개인의 자유와 권리를 수호하도록 한 것이다.

사법권은 개인에게 행사되는 국가권력이다. 몽테스키외가 지적한 바와 같이, 입법권은 국가의 일반적 의지이며, 행정권은 그 의지의 실행이다. 그러나 사법권은 쟁송의 당사자에게 미치는 국가의 의지이다. 따라서 사법권은 쟁송에 관계한 사람의 개별적이고 구체적인 상황과 호소를 청취해야 한다. 그래서 몽테스키외는 "범죄인이 법과 협력해서 스스로 재판관을 선출해야 한다."라고 주장하고, "적어도 많은 수의 재판관을 기피할 수 있어서 남은 사람이 그가 선택한 사람으로 간주되어도 좋을 정도가 되어야 한다."[86]라고 했다. 사건당사자(와 그와 관계되는 모든 사람, 즉 국민)가 자신이 신뢰하는 '그가 선택한 사람'으로부터 재판을 받아 판결에 승복할 때, 사법권이 제대로 행사될 수 있다고 보았던 것이다.

물론 오늘날 우리 사회에서 구체적인 사건에서 사건당사자인 우리가 판사를 직접 선택할 수는 없다. 그러나 판사는 '그가 선택한 사람으로 간주되어도 좋을 정도'로 사건당사자(국민)에게 다가가야 한다. 판사는 적법절차의 근본적 요소인 불편부당성[87]을 가지고 적정하게 구체적 사건에 처리해야 한다.

여기에서 가장 중요한 점은 사법부(법관)에 대한 신뢰다. 신뢰는 쌍방향적 관계에서 구축되지만, 신뢰는 일방적으로 표현된다. 신뢰 구축을 위해 사법부는 엄정중립을 통해 공정성과 합리성을 지닌 판결을 내림으로써 국민에 대한 책임을 다해야 하고, 국민은 인내하며 비합리적이고 과도한 비판을 삼가야 한다. 그러나 신뢰는 사법부를 향한 국민의 일방적 평가다. 국민은 사법부의 주인인 까닭이다. 국민의 신뢰를 받지 못하는 사법부는 마땅히 처벌을 받아야 하고 변화되어야 한다.

우리 사법부는 해결해야 할 많은 문제를 안고 있다. 관료사법제도, 서열위계구조, 권위주의적 인사 및 승진제도, 법조일원화의 안착, 말뿐인 합의부 재판, '제왕적 대법원장'[88]의 권력, 대법원과 헌법재판소의 대립 등 사법부의 내적 문제가 자발적 힘으로 청산되지 않는다면, 언젠가는 사법개혁이 도래할 수밖에 없다. 다만 그때 다른 정치적 이해관계와 얽혀 혼란과 곡해를 빚지 않기를 바랄 뿐이다. 이들 문제들 가운데 사안에 따라서는 헌법개정을 해야 하는 부분도 있다. 법관 및 대법관의 임명, 임기제 등은 사법부의 책임성과 민주성을 강화하는 방향으로 헌법개정을 하되, 법관의 재판상 독립을 더욱 강화될 수 있는 방향에서 균형을 이루어 추진해야 한다. 또한 사법부의 외적 문제도 산적해 있다. 전관예우[89], 검찰 권위주의, 행정부의 사법부 예산편성권 문제도 해결해야 한다. 행정부와 입법부의 협조와 배려가 없다면, 이 문제는 쉽게 해결되지 않을 것이다. 이런 문제들은 국민적 공감과 지지를 얻어 풀어야 한다.

사실 이 문제들이 지지부진하게 해결되지 않고 있더라도 사법부와 법관에 대해 국민의 신뢰가 굳건하다면 사법부의 독립과 책임 달성은 불가능한 꿈이 아니다. 이를 위해서는 무엇보다도 경륜이 있고 윤리와 도덕성이 있는 법관이 필요하다. 자고로 법관의 질이 곧 정의(正義)의 질을 결정하는 것이다. 척박한 상황 속에서도, 정의를 지켜내는 것은 결국 법관 개인의 몫이다. 그래서 사법권의 독립은 곧 법관의 재판상 독립을 의미하며, 법관의 신분상 독립과 법원의 독립을 통해 법관의 재판상 독립을 보장하는 것이다. 2010년 강기갑 의원 무죄판결, MBC 〈PD수첩〉 무죄판결에서 보듯이, 법관 개인에 대한 신뢰는 곧바로 사법부의 신뢰로 이어진다.

그래서 모든 사법개혁은 법관의 재판상 독립을 어떻게 실현시킬 것인지에 초점을 맞추어야 한다. 사법개혁의 추진방식도 법관의 재판상 독립에 위배되지 않아야 한다. '사법부 과거사 청산' 문제도 이러한 근본적인 민주원칙과 헌정원리에 위배되어서는 안 된다. 또한 요즈음 추진되는 법조일원화, 재정합의제, 고등법원 부장판사 승진을 포함한 인사제도 개혁, 대법관 수의 확대도 법관의 재판상 독립에 위배되지 않도록 철저히 검토하고 신중을 기해야 한다. 검찰을 포함한 행정부의 '효율성'을 핵심으로 하는 개혁은 결국 권위주의만 재생산하는 무위의 개혁이다. 법관 인력 양성이라는 미명 아래 지금까지 법관의 직무와 역할을 독립적으로 수행하지 못하는 사람들을 판사직에 앉힌 것도 철저히 반성해야 한다. 헌법과 개인의 자유와 권리를 수호하는 직무를 성직(聖職)과 명예로 끝까지 지킬 각오가 되어 있는 인물들을 법관으로 삼아야 한다. 판사직을 치부(致富)를 위한 디딤돌로 간주하는 물신주의적 법문화, 그리고 정치적 이해관계로 재판 과정과 판결에 개입하는 권력 지향적 문화도 혁파해야 한다.

권력분립이 그러하듯, 사법부의 독립은 고립 혹은 단절을 의미하지 않는다. 사법부는 끊임없이 국민과 함께 호흡하고, 입법부와 행정부(대통령)와 함께 호흡해야 한다. 사법부의 독립이 쉽게 달성되지 않는 것은 독립 그 자체가 어려워서가 아니라 독립은 책임과 함께 있을 때 비로소 헌정적 의미와 가치가 발현되기 때문이다. 법관은 자신이 속해 있는 사회로부터 격리되어 단절되어 있을 때, 독립을 확보할 수 있는 것이 아니다. 오히려 그 반대다.

법관은 살아 있는 사람들 속으로 들어가 일반 국민들의 삶과 죽음, 비통과 환희, 고뇌와 행복을 몸소 체험하고 공감할 때 비로소 독립할 수 있다. 법관의 독립은 법관을 존경하고 사랑하는 국민의 신뢰에서 연원하기 때문이다. 이와 동시에 법관은 자기 자신과 끊임없이 대화하는 존재여야 한다. 선한 자기 자신을 배신하는 법관은 더 이상 양심을 가진 법관이 아니기 때문이다. 결국 판결은 공감과 설득의 예술인 까닭에, 재판을 매개로 한 법관과 다른 존재 간의 관계성에 대한 깊은 성찰이 없다면 사법권의 책임뿐 아니라 사법권 독립의 확보도 불가능해진다. 사법부는 자기 자신과의 관계, 사건당사자와의 관계, 국민과의 관계, 행정부와 입법부와의 관계, 그리고 과거와 미래의 관계를 어떻게 설정하고 유익하게 이끌어갈지 깊게 성찰해야 한다.

주

1) 헌법재판소 2004. 10. 21. 2004헌마554·566(병합). 김배원, "국가정책, 관습헌법과 입법권에 대한 헌법적 고찰", 『공법학연구』 제5권 제3호(2004. 12), pp.147~188. 양선숙, "수도-서울 명제의 '관습헌법' 성립에 대한 비판적 검토", 『법철학연구』 제9권 제2호(2006. 12), pp.231~256 참조.
2) 조지형, "헌법재판관의 임명과 사법부의 독립", 강원택 외, 『헌법과 미래: 7학자의 헌법시평』, p.243.
3) 박보균, "우리법연구회, 하나회", 『중앙 Sunday』 제151호(2010. 1. 31), 2면.
4) *Citizens United v. Federal Election Commission*(2010). 법원 의견은 앤소니 케네디(Anthony Kennedy) 대법관이 작성했다.
5) "On Obama v. Alito, Who's Right? Here's Your Answer", *Wall Street Journal*, January 29, 2010, http://blogs.wsj.com/law/2010/ 01/29/on-obama-v-alito-whos-right-heres-your-answer/(2010. 2. 1). 1907년 연방의회는 틸만법(Tillman Act)에서 기업과 은행이 선거자금을 기부하는 것을 금지했다. 1947년 태프트-하틀리법(Taft-Hartley Act)에서, 연방의회는 기업과 노동조합이 특정 후보를 당선시키기 위해 선거자금을 (후보에게 직접 기부하지는 않지만 홍보 등에) 독자적으로 사용하는 것을 금지한 바 있다. 보는 관점에 따라 연방대법원 판결은 한 세기 혹은 63년간 존중되어 온 법에 위헌판결을 내린 것이라 말할 수 있다.
6) 사법권 독립이 수단적 헌정원리라는 점에 대해서는 국내 헌법학자들 간에 큰 이견이 없다. 김철수는 사법권의 독립이 권력분립의 이론적 기초인 "개인의 자유를 보장하는 데에 그 존재의의가 있다."라고 주장한다. 김철수, 『헌법학개론』 제17全訂 신판, p.1343. 권영성, 『헌법학원론』, p.1062(인권 보장, 법질서유지, 헌법수호가 사법권 독립의 목적). 허영은 사법권 독립이 집행부의 간섭이라는 소극적 기능뿐 아니라 집행기능과 입법기능에 대한 강력한 견제 장치로 작용하여 통치권 행사의 절차적 정당성을 확보함으로써 궁극적으로 기본권 실현에 큰 기여를 하는 적극적 기능을 가지고 있다고

주장한다. 허영,『한국헌법론』전정(全訂) 신판, p.999.
7) 한국헌법학계에서는 흔히 재판상의 독립을 '물적 독립'이라고 하거나 '직무상의 독립'이라고 말하기도 한다. 전자는 독일어인 'sachliche'를 물적(物的)이라는 용어로 번역한 것이다. 김철수,『헌법학개론』, p.1343. 이 번역어는 비록 틀린 것은 아니지만 오해의 소지가 농후하다. 여기에서, 'Sache(sachlich의 명사형)'는 사건, 주제, 일 혹은 업무를 의미한다. 즉, 법관의 재판상 독립이란 법관이 재판 업무의 전 과정에 걸쳐 독립을 가져야 한다는 뜻인데, 특히 젊은 세대에게 '물적 독립'이라고 하면 '물질적' 독립이라는 뜻으로 오해받기 쉽다. 직무상의 독립이라는 용어는 법관으로서의 본질적 직무(재판)뿐 아니라 파생적 직무(행정 포함)까지 포괄적으로 지칭할 수 있기 때문에 적확한 용어라고 생각하지 않는다.
8) 현행헌법 제103조는 "법관은 헌법과 법률에 의하여 그 양심에 따라 독립하여 심판한다."라고 규정하고 있다. 이는 건국헌법(1948) 제77조에서 "법관은 헌법과 법률에 의하여 독립하여 심판한다."라고 규정한 것에, 후에 "그 양심에 따라"라는 문구가 첨가되었다. 일본헌법 제76조 제3항은 "모든 법관은 그 양심에 따라 독립하여 그 직권을 행사하며 이 헌법과 법률에만 구속된다."라고 규정하고 있다.
9) Peter H. Russell, "Toward a General Theory of Judicial Independence", in Peter H. Russell and David M. O'Brien, *Judicial Independence in the Age of Democracy: Critical Perspectives from around the World*, University Press of Virginia, 2001, p.6.
10) *Ibid*.
11) 이와 같은 경우의 일본 사례와 이에 대한 비판을 위해서는 David M. O'Brien and Yasuo Ohkoshi, "Stifling Judicial Independence from Within: The Japanese Judiciary", in Russell and O'Brien, *Judicial Independence in the Age of Democracy*, pp.37~61 참조.
12) 사법권의 책임성을 강조하는 국내 연구로는 신평,『한국의 사법개혁: 아직 끝나지 않은 여정』참조.
13) 이에 대한 포괄적인 이해를 위해서는 Shimon Shetreet and

Jules Deschênes, eds., *Judicial Independence: The Contemporary Debate*, Martin Nijhoff, 1985 참조.
14) 신평,『한국의 사법개혁』, p.17.
15) 김덕장,『사법권의 독립』, p.117.
16) 헌법재판소법 제42조 1항.
17) 단독판사들이 몰아주기 배당에 대해 문제를 제기하자 신영철 법원장이 사건을 재배당한 후 단독판사들에게 압력을 행사했다는 의혹도 제기되었다. 이에 배당부(配當附)의 정보공개를 청구했으나 거부되자, 행정소송을 제기했다. 법원공무원노조가 서울중앙지법원장을 상대로 낸 정보공개거부처분 취소 청구소송에서, 서울행정법원 행정11부(부장 서태환)는 2010년 2월 3일 국민의 알권리를 보장하고 사법행정의 투명성을 제고하기 위해 원고 승소 판결을 내렸다.
18) 집시법 제10조는 "누구든지 해가 뜨기 전이나 해가 진 후에는 옥외집회 또는 시위를 하여서는 아니 된다. 다만, 집회의 성격상 부득이하여 주최자가 질서유지인을 두고 미리 신고한 경우에는 관할경찰서장은 질서 유지를 위한 조건을 붙여 해가 뜨기 전이나 해가 진 후에도 옥외집회를 할 수 있다."라고 규정하고 있다.
19) 임지봉, "사건배당과 법관승진제도의 문제점과 개선방안",『서강법학』제11권 제1호, p.149. 신영철 법원장은 2008년 11월 6일 '야간집회관련'이라는 제목의 이메일에서 "우리 법원의 항소부도 위헌 여부 등에 관한 여러 고려를 할 것이기 때문에, 구속사건이든 불구속 사건이든 그 사건에 적당한 절차에 따라 [위헌 여부를 고려하지 말고] 통상적으로 처리하는 것."을 권고하였다. 그런데 이 메일 이전에 이미 10월 14일의 '대법원장 업무보고'라는 이메일을 보면, 신영철 법원장은 이용훈 대법원장의 메시지가 "1. 위헌제청을 한 판사의 소신이나 독립성은 존중되어야 한다. 2. 사회적으로 소모적인 논쟁에 발을 들여놓지 않기 위하여 노력하여야 하고, 법원이 일사불란한 기관이 아니라는 것을 보여 주기 위해서도, 나머지 사건은 현행법에 의하여 통상적으로 진행하는 것이 바람직하다."는 것임을 알렸다. 두 이메일을 보면, 집시법의 위헌제청여부를 고려하지 말고 현행법에 따라 통상적으로 처리하는 것이 좋겠다는 의견은 이용훈 대법원장의 의견이며, 신영철 법원장은 그 메시지를 전달한 것이다. "신영철 대법관이 보낸 이메일 전문",「동아일보」(2009. 3. 5).

http://www.donga. com/fbin/output?n=200903050398(최종 접속일 2011. 6. 1). 그러나 진상조사단의 결과에 의하면, 첫 번째의 메시지는 대법원장의 의견을 그대로 옮긴 것이며 두 번째 메시지는 신영철 법원장이 "본인의 생각을 가미하여 작성한 것"으로 "대법원장의 권위를 빌려 판사들에게 전달하고 판사들을 설득하기 위해 마치 대법원장님의 뜻을 전하는 것처럼 표현"한 것이다. "신영철 대법관 재판관여 의혹에 대한 진상조사 결과", 「오마이뉴스」 (2010. 6. 1). http://www.ohmynews.com/NWS_Web/View/at_pg.aspx?CNTN_CD=A0001088681(2010. 2. 1).
20) 적극적 평등실현조치에 관한 다양한 각급 법원의 결정에 관해서는 조지형, "적극적 평등실현조치와 '역차별'의 정치", 『이화사학연구』 제36집 참조.
21) 김덕장, 『사법권의 독립』, p.115.
22) 우리법연구회에 대한 이해를 위해서는 "강금실, 박범계, 강골판사의 산실", 『신동아』 524호, pp.416~423 참조.
23) 문형배, "고 한기택 부장판사 납골당을 다녀와서", http://blog.daum.net/favor15(최종 접속일 2010. 2. 1). 오재성 우리법연구회장(수원지법 성남지원 부장판사)은 "연구회 소속의 많은 법관이 법원행정처 등 요직에 진출"했다는 질문에 "개인적으로 행정처를 요직이라고 생각하는 것에 동의할 수 없다. 법관에게 요직은 언제까지나 재판현장이다."라고 답변했다. 그의 답변은 이상적이긴 하지만 사법현실의 권력을 짐짓 모른 체 하는 고도의 정치성이 이면에 깔려 있다. "연구회 해체 요구 크게 신경 안 써", 「중앙일보」(2010. 1. 23), 3면.
24) "연구회 해체 요구 크게 신경 안 써", 「중앙일보」(2010. 1. 23), 3면.
25) 법원조직법 제54조(법정질서유지를 위한 조치와 처벌) 및 형법 제138조(법정모독죄의 처벌).
26) 김덕장, 『사법권의 독립』, p.132.
27) "대법원장 '편향 논란' 언급 없이 '사법부 사수' 받아쳐", 「중앙일보」(2010. 1. 21), 4면.
28) 집회 및 시위에 관한 법률, 제3항 1항 2호.
29) *Bridges v. California*, 314 U.S. 252(1941).
30) *Ibid.*, at 272.

31) *Schenk v. United States*, 249 U.S. 47(1919).
32) '명백하고도 현존하는 위험' 기준에 대한 브리지스 사건의 언급은 314 U.S. 263 참조. 이 원칙에 대한 국내 연구로는 다음이 있다. 임지봉, "명백·현존하는 위험의 원칙과 표현의 자유", 『공법연구』 제34집 제4호 제1권, pp.165~191. 이부하, "미국 헌법상 명백하고 현존하는 위험 원칙", 『헌법학연구』 제12권 제2호, pp.173~204. 임지봉, "명백·현존하는 위험의 원칙과 우리나라에서의 적용 실제", 『세계헌법연구』 제12권 2호, pp.117~139. 문재완, 『언론법』, 2008.
33) 그러나 연방대법원은 명백하고도 현존하는 위험의 원칙을 적용한 이 사건을 "헌법상으로 보장하는 표현의 범위에서의 최대 한계를 보여 주는 것이라는 취지로 보아서는 안 된다."라고 말하고 있다. *Bridges v. California*, 314 U.S. 252(1941) at 263. 권영성 교수는 이 원칙을 '언론의 자유의 한계를 가름하는 기준으로서 뿐만 아니라 언론규제입법에 대한 합헌성판단기준으로서 미국의 판례를 통하여 확립된 이론'으로 소개하고 있다. 권영성, 『헌법학원론』 개정판, p.514 참조.
34) 임지봉 교수는 명백하고도 현존하는 위험 기준이 자유의 보장이라는 측면에서 적용된 사례는 한 번도 없었던 반면 오히려 표현의 자유를 제한하는 정당화로 활용되어 왔다고 주장하고 있다. 임지봉, "명백·현존하는 위험의 원칙과 우리나라에서의 적용 실제", p.134.
35) "대법원장 '편향 논란' 언급없이 '사법부 사수' 받아쳐", 「중앙일보」(2010. 1. 21), 4면.
36) "출근하던 대법원장 관용차 계란에 맞아", 「중앙일보」(2010. 1. 22), 5면.
37) 이와 관련된 미국 연방대법원의 판례는 *Cox v. Louisiana*, 379 U.S. 536(1965) 참조.
38) 허영, 『한국헌법론』, p.1003.
39) 장덕장, 『사법권의 독립』, p.148. 김철수, 『헌법학개론』, p.1354. 권영성, 『헌법학원론』, p.1065.
40) 위의 책.
41) 헌재결 1992.4.28. 90헌바24 등. 박경철, "법관의 재판에서의 독립", 『강원법학』 제27권(2008. 12), pp.176~178 참조.

42) 사법의 중립성에는 사건당사자에 관한 인적관계나 편견으로부터 불편부당성, 개인적인 이해나 의견(정치적, 종교적, 사회적, 윤리적 등)에 집착하지 않고 모든 입장을 일반적으로 고려할 수 있는 객관적 무관성이 포함될 수 있다. 신평, "박정희 시대의 사법부, 그에 대한 헌법적 성찰: 사법권 독립의 문제를 중심으로", 『공법연구』 제31집 제2호(2002. 12), p.99.

43) 신평, "박정희 시대의 사법부, 그에 대한 헌법적 성찰: 사법권 독립의 문제를 중심으로", p.100.

44) 프라이버시 권리의 발견과 전개에 대해서는 조지형, "프라이버시의 의미와 성의 정치: 그리스월드 사건과 로우 사건을 중심으로", 『미국사연구』 제19호(2004) 참조.

45) 이에 관한 개괄적 설명을 위해서는 박경철, "법관의 재판에서의 독립", pp.184~191 참조.

46) 강구진, 『형사소송법원론』, p.595. 신현주, 『형사소송법』, p.807 참조. 특히 재심의 사유에 관하여서는 다음을 참조하라. 이존걸, "형사소송법상 재심의 특별사유에 관한 연구", 『법학연구』 제27집(2007. 8), pp.375~398. 백원기, "재심제도에 관한 비판적 고찰", 『인천법학논총』 제5집(2002).

47) 제14대 대법원장 취임사. http://www.scourt.go.kr/news/News ViewAction.work?gubun=38&seqnum=1(최종 접속일 2011. 6. 1)

48) 그 결과 2007년 1월, 인혁당재건위 사건으로 사형을 선고받고 집행된 고 우홍선 씨 등 8명에 대한 재심재판에서 서울중앙지법은 무죄선고(2002재고합6)를 한 이래, 여러 시국·공안사건에 대한 재심이 진행되고 있다.

49) 이재승, "다시 리바이어던의 뱃속으로: 조용수 사건의 재심판결(2007재고합10)", 『민주법학』 제39호(2009. 3), p.224.

50) 헌법의 파기(폐기)는 기존 성문헌법을 파괴하고 그 헌법의 헌법제정권력의 주체자까지 배제하는 반면, 헌법의 폐지(폐제)는 기존 성문헌법만 배제할 뿐 헌법제정권력의 주체자에는 변경이 없다. 정종섭, 『헌법학원론』, pp.93~94.

51) 권영성, 『헌법학원론』 개정판, pp.98~99. 정종섭은 헌법개정(전면

개정 및 부분개정)을 헌법파기 혹은 헌법폐지와는 구별된다고 주장한다. 정종섭,『헌법학원론』, 93. 반면, 홍성방은 제3차와 제9차 개헌을 헌법개혁(비혁명적인 방법에 의한 헌법의 새로운 창제)에 해당하지만, 제5차(제3공화국)·제7차(유신헌법)·제8차(제5공화국) 개헌은 헌법 폐지(=폐제)에 해당한다고 주장한다. 홍성방,『헌법학』개정6판, p.54. 대법원과 헌법재판소는 제8차 헌법개정을 제5공화국 헌법의 제정이라고 판시하여, 일반적인 공화국 구분과 호칭에 관한 견해를 채택한 바 있는데(대법원 1985. 1. 29. 선고 74도3501, 1991. 9. 10. 선고 91다189898 판결 및 1995. 12. 15. 선고 95헌마 221 결정 등), 이는 올바른 역사의식을 결여한 견해다.

52) 김철수,『헌법학개론』, p.1347.

53) 허영,『한국헌법론』, p.1004.

54) 권순택, "판사와 사회경험",「동아일보」(2010. 2. 5). http://news.donga.com/Column/3/04/ 20100205/25952549/1

55) 미국에서 치안판사는 반드시 변호사일 필요는 없다. 치안판사는 영미권의 현재까지 남아 있는 코먼로 전통의 유산 중 일부이며 일반적으로 소액재판, 결혼예식 등 제한된 사법관할권을 가진다. 치안판사가 주재하는 재판은 일반 재판보다 빠르고 덜 형식적이다. 만약 치안판사의 재판에 승복하지 못하면 일반 지방법원에 항소할 수 있다. 이 경우 소송사건은 처음부터 재심으로 진행한다.

56) Sheldon Goldman, "Judicial Appointments to the United States Courts of Appeals", *Wisconsin Law Review* 1967(1967), p.186.

57) 법원조직법 제49조에 따르면, 법관은 "1. 국회 또는 지방의회의 의원이 되는 일 2. 행정부서의 공무원이 되는 일 3. 정치운동에 관여하는 일" 등이 금지된다.

58) 김철수,『헌법학개론』, p.1349.

59) 현행헌법, 제112조 제2항.

60) 김철수,『헌법학개론』, p.1347.

61) 김철수,『헌법학개론』, p.1348.

62) 김철수,『헌법학개론』, p.1348.

63) 대법원 대법관의 임기.

직책	이름	임명일	퇴임일
대법원장	이용훈	2005. 09.	2011. 09
대법관	박시환	2005. 11	2011. 11
	김지형	2005. 11	2011. 11
	박일환	2006. 07	2012. 07
	김능환	2006. 07	2012. 07
	전수안	2006. 07	2012. 07
	안대희	2006. 07	2012. 07
	차한성	2008. 03	2014. 03
	양창수	2008. 09	2014. 09
	신영철	2009. 02	2015. 02
	민일영	2009. 09	2015. 09
	이인복	2010. 09	2016. 09
	이상훈	2011. 02	2017. 02
	박병대	2011. 06	2017. 06

64) 헌법재판소 재판관의 임기.

직위	이름	임명일	퇴임일	지명
헌법재판소장	이강국	2007. 01	2013. 01	노무현 대통령
헌법재판관	김종대	2006. 09	2012. 09	이용훈 대법원장
	민형기	2006. 09	2012. 09	이용훈 대법원장
	이동흡	2006. 09	2012. 09	국회 선출(한나라당)
	목영준	2006. 09	2012. 09	국회 선출(여야합의)
	송두환	2007. 03	2013. 03	노무현 대통령
	박한철	2011. 02	2017. 02	이명박 대통령
	이정미	2011. 03	2017. 03	이용훈 대법원장
	(공석)	-	-	국회 선출(민주당)

2011년 7월 민주당이 추천한 조용환 후보자에 대한 인사청문특위 (13명의 위원 중 한나라당 위원이 7명) 심사경과보고서의 채택이 불발로 끝나면서, 헌법재판소는 당분간 8인체제로 운영되고 있다.

65) *Brown v. Board of Education of Topeka*, 347 U.S. 483(1954).

66) "재판관 성향으로 본 미디어법 위헌판결", 「미디어 오늘」(2009. 10. 28). http://www.mediatoday.co.kr/news/articleView. html ?idxno=83808(최종 접속일 2011. 6. 1.)

67) 법관의 임기제는 "법관의 종신제를 배척함으로써 법관의 지위의 고정화에서 오는 사법의 보수화, 관료적인 독선화 및 계급화하는 것을 방지하여 사법의 민주화와 진보화를 도모하기 위한 것"이라

는 주장이다. 정덕장, 『사법권의 독립』, p.178. 종신제가 임기제보다 독선적이고 계급화된 제도라는 주장은 근거가 없다. 사법구조 속에서 다른 요인과 결합되어 나타나는 현상이기 때문이다. 하지만 임기제가 사법부의 민주화에 기여하였다는 역사적 실례는 미국에서 쉽게 찾아볼 수 있다.

68) 신영철 법원장은 법원이 일사불란한 기관이 아니라는 것을 보여주기 위해서라도 위헌제청에도 불구하고 재판진행을 촉구했다. "신영철 대법관이 보낸 이메일 전문", 「동아일보」(2009. 3. 5). http://www.donga.com/fbin/output?n=200903050398 (최종 접속일 2011. 6. 1).

69) Irving R. Kaufman, "The Essence of Judicial Independence", *Columbia Law Review* 80:4(1980. 5), 681.

70) "제1단계 대한민국 제헌헌법 초안", 김영수, 『한국헌법사』 수정증보, p.929.

71) "유진오씨 헌법초안(1947. 8. 6)", 김영수, 『한국헌법사』, p.939. 남조선 과도입법의원이 결의한 조선임시약헌 제44조에도 법관의 임기는 10년으로 재임할 수 있다고 규정되었다. "조선임시약헌(1947. 8. 6)", 김영수, 『한국헌법사』, p.920.

72) Kermit L. Hall, "Progressive Reform and the Decline of Democratic Accountability: The Popular Election of State Supreme Court Judges, 1854-1920", *American Bar Foundation Research Journal* 1984:2(1984), pp.345~369 참조.

73) Paul D. Carrington, "Judicial Independence and Democratic Accountability in Highest State Courts", *Law and Contemporary Problems* 61:3(1998), pp.89~90.

74) A. Champagne and J. Haydel, eds., *Judicial Reform in the States*(Lanham, MD.: University Press of America, 1993), 서론 참조.

75) Harold Laski, "The Technique of Judicial Appointment", *Michigan Law Review* 24(1926), p.529 참조.

76) G. R. Winters, "The Merit Plan for Judicial Selection and Tenure-Its Historical Development", *Duquesne Law Review* 7:1(1968), p.780. 미주리 주 법관선발제도에 대한 비판을 위해서는 A. J. Pelander, "Judicial Performance in

Arizona: Goals, Practical Effects and Concerns", *Arizona State Law Review* 30(1998), pp.643~726 참조.

77) 김철수, 『헌법학개론』, p.1346.

78) 몽테스키외, 『법의 정신』.

79) 김남균, "미국 사법심사제의 위기: 프랭클린 루즈벨트의 사법개혁", 『강원법학』 20(2005. 6), p.292.

80) Stanley M. Elkins and Eric McKitrick, *The Age of Federalism*(New York: Oxford University Press, 1993), 731~732.

81) Katheryn Turner, "Republican Policy and the Judiciary Act of 1801", *William and Mary Quarterly*, 3rd ser., 22(1965. 1) 참조.

82) *Marbury v. Madison*, 5 U.S.(1 Cranch) 137(1803).

83) *The Federalist Papers*, No. 78.

84) Terri Jennings Peretti, "Does Judicial Independence Exist: The Lessons of Social Science Research", in Stephen B. Burbank and Barry Friedman, eds., *Judicial Independence at the Crossroads: An Interdisciplinary Approach*(Thousand Oaks, CA.: Sage Publications, 2002), pp.103~133 참조.

85) Donald O. Dewey, *Marshall v. Jefferson: The Politiccal Background of* Marbury v. Madison(New York: Knopf, 1970), pp.170~174 참조.

86) 몽테스키외, 『법의 정신』, p.163.

87) *Gibson v. Berryhill*, 411 U.S. 564(1973) at 577 참조. 우리 헌법학계는 사법권의 독립을 설명할 때 적법절차의 이념에 연원한 사법권의 독립 문제를 전혀 설명하지 않는다.

88) 문홍수, 『사법권의 독립』, p.199.

89) 대법관의 전관예우는 사법부의 독립과 책임에 엄청난 장벽이다. 조사에 따르면 대법관 출신 변호사가 수임하는 사건의 60~70퍼센트가 대법원 사건이라고 한다.

* 본 연구는 미래한국재단의 지원에 의한 것이며, 보고서를 수정보완한 것이다.

사법권의 독립

펴낸날	초판 1쇄 2011년 8월 29일
지은이	**조지형**
펴낸이	**심만수**
펴낸곳	**(주)살림출판사**
출판등록	1989년 11월 1일 제9-210호

경기도 파주시 교하읍 문발동 파주출판도시 522-1
전화 031)955-1350　팩스 031)955-1355
기획·편집 031)955-4667
http://www.sallimbooks.com
book@sallimbooks.com

ISBN　978-89-522-1633-5　04080

※ 값은 뒤표지에 있습니다.
※ 잘못 만들어진 책은 구입하신 서점에서 바꾸어 드립니다.

책임편집 **정홍재**